メディアが三流なら社会と政治も三流なのだ

同調圧力メディア

森達也

創出版

目次

メディアが三流なら
社会と政治も
三流なのだ
同調圧力メディア

広瀬健一からの問題集

『創』2010年7月号

数日前、家に大判の封書が届いた。開封すればCD‐ROMが一枚。そのタイトルは「中学数学応用問題発想トレーニング（代数編）」。何だこれ。思わず首をひねる。なぜ僕あてに中学数学のテキストが届くのか。CD‐ROMの発行所は猫乃電子出版。この名前も知らない。封書にはCD‐ROM以外に、折りたたまれた便箋《びんせん》が一枚入っている。

昨年12月14日より私は確定処遇となりました。発信の制限があったため、ご挨拶もせず、誠に申し訳ございませんでした。（中略）

昨年11月、数学の問題集が電子出版されました。被害者のために少しでもと思い、一生懸命取り組みました。

広瀬健一

地下鉄サリン事件と自動小銃密造事件の二つで起訴された元オウム信者である広瀬健一の上告は、2010昨11月6日に最高裁によって棄却が決定された。つまり死刑が確定した。そして自らの死刑が確定するこの時期に、広瀬は中学生のための数学応用問題集を作成し続けていた。

「刑事収容施設及び被収容者等の処遇に関する法律」によって、死刑確定以降、僕は広瀬との面会や手紙のやりとりを禁じられた。だからずいぶん久しぶりの便りだった。もちろん本人と直接の交信はできない。手紙は広瀬のお母さんからの代筆だ。

1987年に早稲田大学理工学部応用物理学科を首席で卒業した広瀬は、その後に早稲田大学大学院理工学研究科応用物理学専攻修士課程を修了した。このときには企業の研究職への就職が内定していたが、オウム真理教の前身であるオウム神仙の会に入信していた広瀬は、最終的に内定を辞退して、1989年3月に出家した。

その広瀬健一に東京拘置所で初めて会ったのは2006年。岡崎一明、早川紀代秀、林泰男に続いて、僕にとっては4人目のオウム死刑囚への面会だ（その後に新實智光や中川智正への面会が始まる）。拘置所の面会室に、広瀬はかなり緊張した面持ちで現れた。口調はとても冷静で、冗談などほとんど口にしない。生真面目さが全身からあふれているとの印象だった。

オウムがなぜあのような事件を起こしたのか、そしてなぜ信者たちは一連の事件に加担したのか、そのメカニズムについて、僕は広瀬と何度か論争した。側近信者たちの競争意識や麻原への過剰な忖度《そんたく》が重要な要素として働いていたと考える僕に対して、教団内における麻原の存在は絶大で信者たちの意思など介在するはずがないと広瀬は主張した。早川紀代秀も同様の趣旨を訴えた。でも僕の視点からは違う位相が見える。側近信者による麻原という絶対的なグルの造形だ。中川智正や林泰男は（全面的ではないにしても）僕のこの見立てに同意した。

こうした議論の際にも広瀬はいつも、生真面目で冷静だった。麻原と弟子たちの関係だけではなく、世界を救済しようとの思いを持っていた信者たちが殺戮《さつりく》に加担した理由を、自分を主語にして、ずっと考え続けている。

死刑判決を受けた他の信者たちすべてに共通することだけど、自分たちがやがて処刑されることについて、彼らが僕の前で異議や不満を口にしたことは一度もない。犯したことの罪深さを考えれば、自分たちが処刑されることは当然であると彼らは思っている。でも同時に、一連の事件が起きたメカニズムについて、麻原一審法廷判決文が示す**「救済の名の下に日本国を支配して自らその王となることを空想し」**などの解釈に、彼らが微妙な違和感を持っていることも事実だ。

その違和感は僕も共有する。日本国を支配して自らその王となる。ショッカーじゃあるまいし。オウムに漫画的要素があったことは確かだけど、これはその域を超えている。しかも宗教的な要素が欠片《かけら》もない。ホロコーストはなぜ起きたのか。すべてヒトラーが仕組んだことだと思えば明快で楽だけど、それは事実ではない。すべてを麻原に起因させることは、旧ソ連の大粛清や文化大革命、クメールルージュの虐殺などの原因と責任のすべてを、スターリンや毛沢東やポルポトだけに押しつけることと位相は変わらない。

サリン事件直前の麻原は、教団内でカリスマ教祖であり、信者数も増え続け、メディアや多くの識者からは宗教界の新星として注目されていた。つまり絶頂期だ。ならばなぜそんな時期に、社会に牙を剥《む》こうと考えたのか。この頃に麻原は、「もうすぐオウムは滅び、私は誰もいないところで死ぬことになる」と中川など側近信者には洩らしているが、その意図は何か。さらに一連の犯行では、なぜ麻原から具体的な犯行の指示を受けた信者はほとんどいないのか。

これらの合理的な解を、この社会はまだ獲得していない。語るべき最たる当事者である麻原の精神が崩壊する過程を目前にしながら治療すらせず、麻原法廷は一審だけで打ち切られた。つまり法廷とメディアと社会が、その解明と検証を拒絶したのだ。

送られてきたCD - ROMの内容は、まさしくタイトルの「中学数学応用問題発想トレーニング（代数編）」そのものだった。著者である広瀬の名前はどこにもない。「本書を利用して、中学生の皆さまは楽しみながら数学の応用力を養成してください。さらに、高校生、大学生、社会人の皆さまにも、発想のトレーニングのために本書を役立てていただけたらと願っています」と結ばれた「まえがき」のあとに、ひたすら問題と解答が続いている。たとえば準備編の問題1 - 1 - ①は、（a＋b＋c）二乗の解を求めている。そして問題1 - 1 - ②は（X＋Y＋1）（X＋Y＋2）。

生粋《きっすい》の文系である僕には、1問目から答えがわからない。習ったはずだけど忘れた。とにかく膨大な量だ。死刑が確定する前後に、狭い独房で一人、広瀬はこつこつと、この問題集を作成し続けていた。そんな情景を僕は想像する。そしてあらためて思う。彼を殺すことの意味は何だろうと。

特に2008年に『死刑』（朝日出版社）を上梓《じょうし》してから、死刑問題についてはいつも考え続けているし、時には発言を求められる。

死刑状況をめぐる現在の世界の趨勢《すうせい》は？　死刑存置の論点は？　そして廃止の論点は？　なぜこの国はこれほどに死刑を求める人が多いのか？　終身刑導入については賛成か？　遺族の思いはどのように癒されるべきなのか？　裁判員制度は死刑制度に影響を与えるかどうか？

いろいろ考える。答えがわかる設問もある。でもどうにも見つからない場合もある。あるいはわかっていたつもりでいたけれど、やっぱりその答えに自信がなくなる場合もある。（X＋Y＋1）（X＋Y＋2）の解のようにはゆかない。答え合わせもないから、それが絶対に正しいかどうかもわからない。だから悩む。考え続ける。解は絶対にひとつではないはずだ。多くの要素がある。しかもグラデーションだ。世界はそれほどに単純ではない。

でも時おり、論理やら根拠やら世界の状況やら法務省の姿勢やら情報開示やメディアの問題やら、そんなことはどうでもよくなるときがある。

今はただ広瀬を、死の淵《ふち》から救いたい。

もちろん広瀬だけではない。他の死刑を宣告されたオウム信者たちも、あるいは他の死刑囚たちも、今はとにかく救いたい。

おそらくこんな情緒過多な文章を書けば、また多くの人から批判されるのだろう。「この男は被害者のことなど何も考えていない」などとネットに書かれるのだろう。それは覚悟している。実際に僕のこんな言動が、多くの人を不愉快にしたり辛い思いをさせたりしているのなら、それについては申し訳ありませんと謝罪する。

でも発言を控えるつもりはない。謝罪しながら言い続ける。殺すことの意味は何なのか。本当に必要なのか。

確かに彼らは取り返しのつかない過ちを犯した。世界の人々を救済するとの大義に憑依《ひょうい》されながら、これはグルからのマハームドラなのだと自らを説き伏せながら、結果として多くの命を殺《あや》めた。その責任は重い。そう認識しているからこそ彼らはみな、自分が死刑になることは当たり前だと思っている。

でも、死刑になることは当たり前だと彼らが思っているからこそ、この社会が彼らに対して与えるべきは、死刑という決着だけではないと僕は思う。それは絶対に最終的な解ではない。他にきっと答えはある。

この数カ月、『月刊ＰＬＡＹＢＯＹ』に連載していた「Ａ３」書籍化のための作業を続けている。相当に加筆した。現状は４００字詰め原稿用紙換算で１０６０枚。あまりに分厚い。このままでは価格も上がるし、誰も買ってくれない。それでなくともオウム本は売れないのだ。

だから今は毎日、ダイジェストのための推敲《すいこう》作業を続けている。加筆ではなく減筆。その意味では何となく、大量の映像素材からカットの取捨選択をして、モンタージュ理論でシークェンスを決定してゆく映像の編集作業に似ている。本来は映像作品のタイトルになるはずだった「Ａ３」だけど、こうしてどこかで落とし前をつけているような気分になる。

『月刊ＰＬＡＹＢＯＹ』のこの連載は、一審判決で見た被告席の麻原彰晃の挙動に大きな衝撃を受け、彼を死刑にすることの意味を考えることから始まっている。だからふと気になった。一審判決の少しあとに、僕はこの「極私的メディア論」の連載を始めている。麻原裁判について、かつて自分はどのように記述していたのだろう。勢いで筆が走りすぎてはいないだろうか。当時の原稿を読み返してみた。

麻原の今の状況については、僕は完全に訴訟能力を失っていると思っている。オムツを装着させられて大小便垂れ流し。入浴は刑務官たちに服を脱がせられて、動物園の動物のようにモップで洗われる。噂ではない。拘置所からの正式な報告書に記載されている事実だ。何よりもこの5年間、彼は誰とも口

をきいていない。もしも詐病でこれができるのなら、それこそ意思の怪物だ。

ただし、僕は専門家ではない。だから詐病の可能性は否定しない。でもだからこそ、精神鑑定をすべきなのだと主張してきた。もしも詐病なら、その事実を麻原に突きつければよい。そもそもは彼が、「私は今空母エンタープライズの上にいる」などの意味不明な英語交じりの証言を始めた約9年前、「これは言動がおかしい」と鑑定すべきだったのだ。（中略）精神障害は投薬で劇的に回復する。拘禁反応であれ、薬物のフラッシュバックであれ、あるいは統合失調症であったとしても、ともかくも初期の段階で鑑定をして、しかるべく処置さえしていれば、ここまで事態は悪化しなかった。

つまりこの社会が彼を壊したのだ。

かつてなら当たり前のことが機能しない。以前ならイレギュラーなことがいつのまにか普通になっている。この事態を日本に招いた大きなきっかけは地下鉄サリン事件だけど、その事件のコアにいるはずの男は、事件の内実を語る前に、こうして社会によって崩壊させられた。

（『創』2006年2月号）

全文を読んだけれど、修正すべき点はまったくない。警察庁長官狙撃事件が時効を迎えたこの3月30日、警視庁公安部は「（実行犯は）オウム真理教の信者グループである」と断定する記者会見を行い（つまり無罪推定原則が公式に崩壊した）、多くのメディアから「きわめて異例」として強い批判を浴びた。

異例のレベルではなく異常なのだ。そしてこの異常は、10年近く前から始まっていた。

この秋には麻原処刑との噂がある。いくらなんでもそこまではしないと思うし、そもそも心神喪失の状態にあるのだから刑事訴訟法第４７９条「死刑執行の停止」が適用されるはずだと思うけれど、それは楽観論に過ぎるかもしれない。だってそんな正論が通るのなら、とっくに治療が施されているはずなのだから。

プロパガンダ展で見たプロパガンダ

『創』２０１０年８月号

ロケの合間に訪ねたスミソニアン博物館群から徒歩で10分ほどの距離にあるホロコースト・ミュージアムでは、ちょうどこのとき、「国家社会主義ドイツ労働者党（ナチス）のプロパガンダ」展を企画展示していた。まるで今回の番組のために企画したような催しだ。

ミュージアムの正面玄関前でそんなことをつぶやく僕に、横を歩くディレクターの桑田泰行とアシスタント・ディレクターの藤原敬史がうなずいた。

この5月下旬から6月上旬にかけて、ＮＨＫ－ＢＳ「未来への提言」のロケで、ニューヨークとワシントンD.C.に滞在した。テーマはウェブ・メディアの台頭で揺れるアメリカのメディア（ジャーナリズム）の最前線だ。

今回の取材のメインは、ワシントン・ポスト副社長のレナード・ダウニーだ。ウォーターゲート事件やペンタゴン・ペーパーズ世代のダウニーは、１９９１年からワシントン・ポスト編集主幹を務めていたが、２００８年に現場から身を引くことを決意した。

その理由をダウニーは、２００１年のイラク戦争が始まる直前に「イラクに大量破壊兵器は存在しない」との記事を一面から外した自分の判断が、重大なミステイクだったからだと公表した。つまりブッシュ政権を（結果的に）支持した過ちを認め、自分はこれ以上現場にいるべきではないと判断した。辞任した翌年、激しく変遷するメディアについて調査と取材を重ねたダウニーは、「公的支援や市民のドネーションなどによって支えられるNPOメディア化を既存メディアは目指すべき」などの提言を盛り込んだ論文「米ジャーナリズムの再建」を発表して、大きな話題となった（日本でも朝日や毎日新聞がこの論文を取り上げた）。要約すれば、資本とメディアは切断されるべきとの提言だ。

資本との関係を断ち切ったメディアの意義については、NHKの存在理由に重複する。つまり日本に実例がないわけではない。ただしアメリカの場合は、市民一人ひとりのドネーションの感覚が、日本とはかなり違う。

日本人はどうしても、情報は無料でもたらされるものとの意識から離れられない。自分たちにとって重要なメディアを自分たちで支援しようとの意識が薄い。だからこそこれまでのところ、多くのウェブ・ジャーナリズムの試みは成功していない。結局はアフィリエイトなど紐《ひも》付きとなる。ならば既成の商業メディアとの違いはあまりない。多くのウェブ・ジャーナリズムが経営的にも成功しているアメリカとの違いはまだ相当に大きい。

ぼんやりと正面玄関前でそんなことを考えていたら、藤原が「じゃあ入りましょうか」と小さな声でつぶやいた。「急がないと、もうすぐ閉館です」

ホロコースト・ミュージアムも含めてスミソニアン博物館のすべては、年齢や国籍を問わず、完全に無料で入場することができる。見て、聞いて、知る権利は、アメリカ国民はもちろん他の国の人も、大富豪だろうがホームレスだろうが、すべての人に対して完全に開放されていなければいけないとの意識だ。いろいろ問題ばかりの国だけど、公共性についてのアメリカ人の姿勢は、確かに見事なほど筋が通っている。

本家であるアウシュビッツ・ビルケナウ博物館に比べれば、ホロコースト・ミュージアムの規模はずいぶん劣るが、それでもゆっくり歩けばまる一日はかかるほどに会場は広い。展示も充実している。特にプロパガンダ展では、当時のドイツの街角に貼られていたナチスのポスターや新聞広告、ヒトラーの演説やアウシュビッツの記録映像などを見ながら回るだけで、あっというまに時間が過ぎた。

数多くある展示で特に目についたのは、ヒトラーが権力掌握過程において共産主義に対して向けた敵視と、その後に続くユダヤへの激しい嫌悪だ。

この時期のポスターや新聞の風刺絵などに描かれるユダヤ人は、鷲《わし》鼻で長い髭《ひげ》、黒づくめの衣装で口もとには狡猾《こうかつ》そうな笑いという定型的なカリカチュアで、まさしく『ヴェニスの商人』に描かれる金貸しシャイロックのイメージそのままだ。

難破寸前の船に乗るドイツ国民たちを、巨大なシラミの群れが襲撃しようとしているポスターがあった。キャッチコピーは「今こそゲルマン民族は一丸となって、害悪と闘おう!」。もちろん害虫駆除を呼びかけるポスターではない。当時のシラミは発疹チフスを媒介する恐ろしい虫であり、その被害は現代人がイメージする害虫のレベルではない。さらにシラミの顔をよく見ると、鷲鼻で長い髭を生やしている。つまりユダヤ人だ。

第一次世界大戦で敗戦国となったドイツは、ヴェルサイユ条約で莫大な賠償金を連合国側に支払うことを要求され、国家経済は極度に疲弊した。条約締結の際にイギリス代表として会議に参加した経済学者ジョン・メイナード・ケインズは、この条約の強圧性を強く批判しながら途中帰国して、その後に書いた『平和の経済的帰結』（東洋経済新報社）で、このままでは再びドイツによる戦争が起こると予言した。ケインズのこの指摘はイギリス国家や国民から激しく批判されたが、結局のところこの危惧は見事に的中した。賠償だけではない。ヴェルサイユ条約はドイツに対して周辺国への国土割譲も要求したので、ドイツ国民の民族意識は強く刺激された。

だからこそドイツ（ゲルマン）民族の優越性と一体化を訴えながらヴェルサイユ体制の打倒を宣言したナチスは、ドイツ国民から熱狂的に支持されて、民主的な手続き（つまり普通選挙の過程）を経ながら、権力を掌握した。

戦争前のナチスの政治的プロパガンダの特徴は、仮想敵を設定しながら危機を煽ることだ。その意味ではまったく普遍的だ。ただしプロパガンダの量が半端じゃない。敵はじわじわと私たちの安寧な生活を脅かす。だから戦わなくてはならない。愛する人を守るために、強い抑止力を手に入れなければならない。そのためには、敵に対して強気な政治家を選ばなくては。

こうして人類最大の惨禍である第二次世界大戦は始まった。

展示をほぼ見終えてから出口に向かえば、出口手前の人だかりに、藤原がぽつんと立っていた。その表情は硬い。おそらく展示に、何がしかの衝撃を受けたのだろうなと僕は考えた。

「……ちょっと驚きました」

近づいた僕に藤原が言った。

「展示に？」

「もちろん展示もですが、最後にいちばんびっくりしました」

「最後って?」

藤原の後に続いて出口に向かう。ホロコースト・ミュージアムにおけるナチスのプロパガンダ展のコースの最後は、近年から現在にかけての戦争や虐殺の展示だった。

ルワンダやコソボ、9・11やフォークランド紛争などの写真を眺めながらぐるりと室内を回れば、最後に展示されているのは、イランのアフマディネジャド大統領の写真だった。決してアイロニーではないしギャグでもない。悪の特異点としてアフマディネジャドの写真は展示されている。そこでふと気がついた。近年から現代へと続く虐殺や戦争と銘打ちながら、この部屋の展示にはイラク戦争がない。何度も続いた中東戦争もないし、イスラエル・パレスチナ問題もない。要するにイスラエル国家にとって都合の悪い戦争や虐殺が、すべて削除されている。

イエスを殺した民であるユダヤ人に対しての蔑視と迫害の歴史は、キリスト教文化圏であるヨーロッパにおいて、とても長く続いてきた。金貸しシャイロックのイメージが物語るように、皮膚感覚として刷り込まれてきたユダヤ人への嫌悪や差別感情に、自分たちの生命を脅かす(シラミのように危険な)外敵であるとのプロパガンダを重ね、ナチスはホロコーストを正当化した(もちろん一般のドイツ国民は、アウシュビッツなどの惨状を正確には知らなかったが)。

だからこそ第二次世界大戦終了後、明らかになったホロコーストの実態に、西洋社会は大きな衝撃を受けた。なぜならホロコーストほどの規模ではないが、彼らもまた同じように、ユダヤ人を差別し迫害してきたからだ。

自らの加害者意識に萎縮した西洋社会は、イギリスの三枚舌外交が導火線となったイスラエル建国や、その後の国連決議を遵守しないイスラエルのプレゼンスを、結果として黙認する。

そしてホロコーストによって刺激された被害者意識にシオニズムが相乗し、激しい自衛意識を高揚させたイスラエルは、今も周辺諸国を挑発し、パレスチナの民を迫害し続ける。だってホロコーストの犠牲者数600万人が仮に事実であるとするならば、イスラエル建国に集まった多くのユダヤ人たちは、被害者遺族である可能性が高い。つまり危機意識が肥大している。だからこそ自存自衛の意識が優先され、抑止力理論が強調される。

こうして被害者意識は連鎖する。そこに悪意はない。愛するものの生命を守りたいとする自衛の意識だ。だからこそ厄介だ。群れることが本能になった人類にとっての宿痾《しゅくあ》といってよい。藤原が吐息をつく。言葉にすれば「やれやれ」だ。プロパガンダの危険性を訴える展示で、最後の最後に、臆面《おくめん》ないほどに見事なプロパガンダが行われていた。

ホテルに戻って部屋のテレビのスイッチを入れれば、パレスチナ自治区ガザに向かうトルコの支援船団をイスラエル軍が急襲し、8人の乗務員が殺害されたとのニュースが報道されていた。なぜイスラエルの蛮行は国際社会から黙殺されるのかと、アラブ世界では多くの抗議の声が高まっている。

テレビを観ながら僕も吐息をつく。でも「やれやれ」のレベルじゃない。まるで終わらない悪夢を見ているかのようだ。

上書きされた刑場公開

『創』２０１０年11月号

２０１０年8月27日、この1カ月ほど前に二人の死刑執行を命じた千葉景子法務大臣の強い意向を受ける形で、法務省は東京拘置所の刑場を報道機関に公開した。ただし対象は法務省記者クラブに加盟する新聞社やテレビ局の記者たち21名だけだ。

集合してから携帯電話の電源を切ることを拘置所職員から命じられた記者たちは、さらに「刑場内の機器には触らない」「整然と無言で見ること」などと指示を受けてから（まるで中学生の修学旅行だ）、用意されたマイクロバスに乗り込んだ。窓には黒い目張りがなされていて外は見えず、2分ほど走ってから、刑場がある拘置所地下の駐車場に記者たちは運ばれた。

こうした過剰な制約や黒い目張りについて法務省は、「刑場は厳粛な場である」や「死刑囚の家族の心情を考慮して」などの理由と併せて、刑場の位置は極秘事項であるからと説明した。極秘事項であることの根拠は、２００５年に刑場の図面の情報公開を求める訴訟を大阪在住の弁護士が起こしたとき、「図面公開は死刑確定者の奪取や死刑執行の阻止などの計画を容易にする」という法務省の主張が認められて訴えが最高裁で棄却されたことにあるようだ。

ならば法務省と最高裁に言いたい。あなたがたは本気で、死刑囚の奪還計画があるかもしれないなどと考えているのだろうか。ハリウッドのスパイ映画の観過ぎじゃないか。ほとんど「ミッション・インポッシブル」の世界だ。情報公開によって死刑確定者の奪取や死刑執行の阻止計画が起きるとの理屈が通るならば（実際に通ってしまったけれど）、暗殺や法案成立阻止のためのテロ工作があるかもしれないから、国会議事堂や首相官邸、さらに両議員会館の場所や内部の構造は極秘事項となる。政治家だけではない。皇族がどこに居住しているかも極秘にしなくてはならないはずだ。

ギャグじゃないですよねと念を押したくなる。情報は公開されるべきであり行政府には説明責任がある。この大原則を、なぜメディアは法務省に突きつけないのだろう。言われるままに携帯電話の電源を切り、目張りのついたバスに乗せられて従順に輸送されている理由がわからない。もう十分に笑いました。そろそろギャグはやめましょうと言えばいいのに。

そもそもつい十数年前まで法務省は、死刑囚を処刑したことすら公開しなかった。徹底した秘密主義。死刑の存在理由のひとつに犯罪抑止を掲げながら、これを隠すことの矛盾に気づかない。いや気づいているのか。僕にはもう何が何だかわからない。

執行の事実と人数を明らかにするようになったのは1998年。メディアが要求したからではない。中村正三郎法相（当時）の指示だった。処刑した死刑囚の名前を明かすようになったのは2007年。この決定にもメディアは関与していない。鳩山邦夫法相（当時）の指示だった。つまり死刑制度における情報公開について、メディアはまったく機能していないに等しい。

刑場公開についての制約はまだ続く。法務省は拘置所上空にヘリコプターを飛ばすことの自粛を報道各社に要請した。理由はマイクロバスの移動ルートを上空から見られることを防ぐためだ。

自粛を要請。この時点でもう日本語がわからない。要請されているのは自粛ですか。だとすれば断わることは可能ですね。ならば申し訳ないですが、うちの社は自粛しません。ヘリを飛ばします。なぜこれを言えないのだろう。反駁《はんばく》しないのだろう。抵抗しないのだろう。情報を公開してもらうのではない。税金で行っている業務なのだから、公開することが当たり前なのだ。ところが死刑制度の周辺では、いつもなら当たり前のように働く情報公開のルールが突然機能しなくなる。

今回は、死刑囚が処刑される「執行室」は公開されたが、死刑囚を吊るすロープは天井に格納されていて、踏み板も閉じられたままだった。つまり生々しさは排除された。

存置か廃止かはとりあえず措《お》く。それ以前の問題だ。野球が好きかどうかを決めるのなら、どんなスポーツなのかを知らなくてはならない。百歩譲って試合を生で見ることが無理だとしても、どのようなルールでどのような選手たちがいるのかくらいは知らなければ議論は始まらない。国家がこっそりと塀の中で野球をやっていて外部に情報を出さないのなら、メディアが国民に代わって、税金を投入しているのなら情報を公開せよと主張しなくてはならない。

書きながら空しい。メディアが沈黙し続けてきた理由はわかっている。国民が死刑についての情報公開を求めなかったからだ。つまり市場原理。営利企業であるかぎりは、この原理から逃れることはできない。マーケットが求めないのなら、その商品は流通しない。やがて淘汰《とうた》される。でもそれで本当に良いのだろうか。

先進国では例外的な死刑存置国として、日本とアメリカはよく並列されるが、その情報公開の状況についてはまったく違う。アメリカは被害者遺族や加害者の家族に処刑について知らせ、州によっては

（メディアも含めて）立会いを了解する。

だからこそ同じような死刑存置国ではあるけれど、アメリカの処刑方法は絞首刑から電気椅子、さらに薬物注射へと変遷してきた。死刑囚にできるだけ苦痛を与えないように人道的に処刑すべきと考えるからだ。ところが日本では明治以降、ずっと当たり前のように絞首刑だ。死刑囚の苦痛など誰も考えない（まあ人道的な処刑との発想が、そもそもはアイロニカルでパラドキシカルだと思うけれど）。

今回の公開について法務省記者クラブに加盟する報道各社のほとんどは、「初公開」と表現した。朝日新聞（8月27日夕刊）は「死刑刑場を初公開」の見出しで、「これまで国会議員が視察したことはあるが、報道目的で公開されたのは初めて」と本文で記述している。同日の毎日新聞夕刊の見出しは「死刑場を初公開」で、「これまで一部国会議員の視察などに応じたことはあるが、報道機関を対象として撮影も認めた公開は初めてとされる」と書いている。東京新聞夕刊は「東京拘置所の刑場初公開」が見出しで、本文には「写真と映像を含めた公開は初めて」。日経新聞夕刊の見出しは「東京拘置所の刑場初公開」で、「一部の国会議員などを除くと公開は初めてで、撮影も初めて認められた」。読売新聞夕刊は「死刑執行室を初公開」で、「法務省は27日午前、死刑執行が行われる刑場を報道各社に初めて公開した」。

他紙やテレビのニュースもほぼすべて、「初公開」のニュアンスは共通している。しかしこれは事実ではない。1883年7月6日に「小野澤おとわ」という名前の死刑囚が処刑されたとき、翌日の新聞には、以下のような記事が掲載されていた。

《刑台の踏板を外すと均しくおとわの体は首を縊りて一丈余の高き処よりズドンと釣り下りし処、同人

の肥満にて身体の重かりし故か釣り下る機会に首が半分ほど引き切れたれば血潮が四方あたりへ迸り、五分間ほどにて全く絶命した（後略）》

処刑翌日の読売東京新聞に掲載されたこの描写は明らかに、この記事を書いた記者が、執行の現場に立ち会っていたことを示している。でもこれは100年以上も前だ。このあいだに憲法も変わっている。参考にはならない。もしもメディアがそう弁明するのなら、1967年の事例を挙げねばならない。

前年12月に法務大臣に就任した田中伊三次は、各社の新聞記者たちを引き連れて、刑場だけではなく、絞首用のロープを降ろして踏み板が外れる瞬間までも記者たちに見せている。ただし、このあとに23人の死刑執行に踏みきった田中法相は、数珠《じゅず》を片手に死刑執行命令書に署名する自分を写真で撮れと集めた記者たちに命じるなど、あまりにパフォーマンス的な言動が過ぎて記者たちはあきれ、写真と記事を掲載したサンケイ新聞を除いてすべての新聞は、この顛末《てんまつ》を記事にはしなかった。毎日新聞の記者だった勢藤修三はこのときの経緯について、『死刑の考現学』（三省堂）で以下のように記述している。

《田中（伊三次）は閣議後の記者会見でとんでもないことを言い出した。それは、実際の死刑の執行をみんなで見ようというのである。このときは記者団から「馬鹿も休み休み言え」と一蹴され沙汰やみとなったが、田中はこのもくろみを刑事局にも相談して、当時の伊藤栄樹総務課長からこっぴどく叱られている。後日、それでは刑場だけでもという田中のたっての希望で、これは実現した。我々も田中に同行して、当時でき上がって間もない東京拘置所の刑場に行き、刑場の構造や死刑囚の首にかける絞縄、ハンドルを引いて踏み板を落とすところまでみせてもらった》

田中の人品骨柄はともかくとして、刑場を公開しようとしたその意図は間違っていない。少なくとも記者たちから「馬鹿も休み休み言え」などと一蹴されるようなことではない。

いずれにせよ公開は初ではない。40年前にも行われていた。さらに1947年の『アサヒグラフ』には、広島刑務所の刑場の写真が（死刑囚を吊るすロープも含めて）16枚掲載されている。

つまり何をどのように解釈しても、「刑場を初公開」は事実ではない。調べればすぐにわかること。拙著『死刑』（朝日出版）くらいは読めと本音では言いたいけれど、まあそこまでは書かない（書いたけど）。でも歴史において40年は、少なくとも忘れて当然の時間の経過ではない。

今回が初公開であるとの情報は、メディア各社がそれぞれ調査をしたうえで得た結論ではない（ならばこれほどの横並びになるはずがない）。法務省からそのようなレクかリリースがあったのだろう。ならば法務省も40年前の記録を残していないのだろうか。

その可能性は低い。法務省は知っていたはずだ。でも初めての公開にしたかった。なぜならこれまでに何度も公開されていることがわかれば、今後もさらに情報公開すべきであるとの論議が湧き上がる可能性がある。今回は初公開ということにしておけば、あくまでも異例な措置であることを強調できる。

そして忘れっぽいメディアは、法務省の発表を疑うことなく鵜《う》呑《の》みにして、最低限の資料を当たることすらしなかったということなのだろう。

こうして歴史は上書きされ、改ざんされる。無自覚に。気づかないままに。もしもあとで振り返ったとしても、上書きされた足跡はもうわからない。こうして事実が世界から消える。永久に。

尖閣映像流出とポピュリズム

『創』2011年1月号

父親は海上保安官だった。週に一度くらいは当直勤務のため、家に帰ってこなかった。若い頃には巡視船にも乗っていた。相当に危険な任務もあったようだ。

月に一度ほど、同僚や部下たちが家に酒を飲みに来た。この時期には小学校低学年だった僕も、たまに宴席の端でグリルした鶏の腿肉や海老フライなど（当時の子供にとっては夢のようなご馳走だ）のご相伴《しょうばん》にあずかった。

時おり泥酔した誰かが、「海保にはなかなか陽が当たらない」などと口にした。一度や二度じゃない。何度か耳にした記憶がある。

テレビのニュースで海上保安庁が話題になることなど、めったにないような時代だった。学校の授業で父親の仕事の話になったとき、ほとんどのクラスメートは海上保安庁という組織名を知らなかった。陸の警察官と海の海上自衛官に挟まれたような位置にある父親の仕事を、何となく影の薄い仕事だなと子供心に感じていたことは確かだ。

ところが近年、拉致問題や領海・領土問題などをめぐり、海上保安庁はずいぶんと注目されるようになった。ニュースにも頻繁《ひんぱん》に登場する。少なくとも陽はかつてより当たっている。ならば影も相当に濃くなったはずだ。

でもならば、その光源の燃料は何だろう。ここ数年で何が駆動しているのだろう。かつてと今とでは、世相における何が変わったのだろう。

これを考えるための一つの事例として、2010年の尖閣問題における映像流出について、安倍晋三議員が自らのブログに書き込んだ記述を以下に引用する。


『海上保安官を逮捕するのはおかしくないか？』

友人からそう問われました。

まさにその通りです。

領海を侵犯し海保の巡視船に二度意図的にぶつけ、反省するどころか日本を侮辱した中国人船長は無罪放免。

船長の犯罪が明らかになるビデオを、中国と船長を守るため国民の目から隠した人達は官邸にふんぞりかえり、それはおかしいと勇気をふるって告発した保安官を国家権力総動員で捕まえる。

この国はどうなってしまうのか。

汚い言葉を目をむいて喋りちらす仙谷官房長官は、さながら不吉な前兆を思わせる腐臭を放つカラスだ。

誰が**愛国者**か？

日本の正統性を日本国民と世界に示した者か、そうしなかった輩か？

海上保安庁の名誉と、日本の誇りを守った男か、中国と中国人船長を守り、膝を屈して日中首脳会談をやりたがるだけの男か？

答えは明らかだ。

海上保安官がんばれ！（太字ママ）

「官邸にふんぞりかえり」とか「勇気をふるって」とか、作為的で稚拙な常套句が無邪気に羅列されている。特に「汚い言葉を目をむいて喋りちらす（中略）腐臭を放つカラスだ」の描写は、政治家（しかもこの段階では総理大臣経験者で、さらにこの数年後に再び同じポジションに返り咲く）が他の政治家を描写する文章とはとても思えない。ほとんど匿名掲示板の書き込みだ。もしも父親に「エールを送られているよ」とこの文章を読ませたら、きっと複雑な表情になって黙り込むだろう。

まあこの人についてはもういい。世の中にはいろんな主義主張の人がいる。思考が浅くて偏っていることにまったく無自覚な人もいる。問題はそんな人が支持されるこの国の民意だ。

政府の説明責任と国家機密の定義、ネット社会におけるジャーナリズムのありかた、映像の背景や意味を理解する能力（リテラシー）など、尖閣映像流出問題には、とても多くの問題が重複している。語るべき位相がそれぞれに違う。

でもこれらの問題を考えるうえで、共通する構造が一つある。高揚した民意に政治や司法が従属しながら、いつのまにか前提を変えているというメカニズムだ。つまりポピュリズム。

2008年、調査捕鯨の船団内で組織的な鯨肉横領が行われているとの内部告発を受けたグリーンピース・ジャパン（ＧＰＪ）は、業務上横領で船団乗組員12名を告発した。このときに証拠となる鯨肉を倉庫から持ち出して記者会見で呈示した二人のＧＰＪスタッフは、記者会見終了後に窃盗と建造物侵入容疑で逮捕され、２０１０年9月に有罪判決を受けた。

このときの裁判では、調査捕鯨の船団内から多くの内部告発者が現れて、横領された鯨肉が水産庁の上級官僚や一部の政治家への付け届けとして使われていたことなどを証言した。調査捕鯨でありながら、調査などほとんど為されていないと訴えた元船員もいた。

しかし組織的な鯨肉横領について東京地検は、「嫌疑なし」として捜査をあっさりと打ち切った。さらにＧＰＪによる検察審査会への審査申立ても、結局は「不起訴相当」とされた。つまり検察だけではなく民意も、同様の判断を示したということになる。この判断を言葉にすれば、「グダグダうるさいよ。目的はどうあれ二人は鯨肉を倉庫から盗んだのだから、罰を受けて当然だ。そして船団内の組織的な鯨肉横領とか調査の曖昧《あいまい》さについては、いっさい聞かなかったことにするよ」ということになる。

海上保安官は守秘義務を課せられる国家公務員だが、ＧＰＪの二人は民間人だ。その意味ではこの二つの事件を、安易に同一視すべきではない。でも内部告発と外形的な違法行為という意味では、構造的にはきわめて近い。

ところがメディアと世相のありかたは対照的だ。

映像を流出した海上保安官に対して沸き上がった英雄視の声は、ＧＰＪに対してはまったくあがらなかった。

検察審査会の判断を民意に直結することは早計かもしれない。でも少なくとも、この顛末《てんまつ》を知った多くの人は（そもそも大きく報道されなかったから知る人は少ないけれど）、ＧＰＪを支持しなかった。むしろ攻撃した。テレビ番組ではＧＰＪについて「テロ集団みたいなものですね」と顔をしかめるコメンテーターもいた。こうした反応の背景には、過激な環境保護団体として知られるシー・シェパードに対する強い反感が働いている。

特にＧＰＪ２人のスタッフに対する有罪判決が出た２０１０年は、シー・シェパードのアディ・ギル号と日本の監視船が衝突したこともあり、まさしく「ふざけるな」や「許せない」との民意が高揚していた時期だった。アディ・ギル号の船長であるピーター・ベスーンは現行犯逮捕され、艦船侵入罪や威力業務妨害罪などで起訴されて懲役2年の有罪判決（執行猶予5年）を受けた。ちなみに母国であるニュージーランドに強制送還後、ベスーンはシー・シェパードの代表であるポール・ワトソンと決別している。

情報を国民に開示したＧＰＪスタッフと船舶をぶつけたピーター・ベスーンは有罪判決。中国漁船の船長は釈放され、情報をネットに流出させた海上保安官の逮捕は見送りになった。

あまりに一貫していないし、少なくともフェアではない。なぜなら捜査や司法の判断が（中国船長の釈放は別にして）、民意に迎合しているからだ。引用した安倍議員のブログだけではなく、他にも僕の知る範囲では石原慎太郎都知事なども、「国家の英雄である海上保安官をなぜ逮捕するのか」というような発言をしていた。

まあ、いかにも言いそうな人が言いそうなことを言ったというところだが、行為ではなく世相で判決が変わるのなら、近代司法における最重要な原理である罪刑法定主義は否定され、この国は近代司法国家の看板を下ろさねばならなくなる。

その意味で僕は、GPJの二人のスタッフが窃盗と建造物侵入で有罪判決を受けたことに、強い異議を唱えるつもりはない。非合法な行為が看過されるべきではない。人権意識の強い欧米では、NPO職員や民間人によるこうした活動が認められるケースは多々あるが、この国の今の刑事司法にそんな高水準の意識を求めるつもりはまだない。ただし組織的な鯨肉横領がこれほど明らかになりながら、これを問題視しない姿勢はまったく納得できない。世相に迎合しているだけだ。

映像流出については今ごろになって、「あの映像は国家機密ではない」などの解釈を口にする人がいるけれど、それはあまりにご都合主義だ。少なくとも当の海上保安官には、外部に流出してはいけない映像であるとの認識があったのだ（だからこそ隠蔽工作も行っている）。ならば逮捕見送りはありえない。

1971年、ニューヨーク・タイムズのニール・シーハン記者は、国防総省がベトナム戦争についてまとめた極秘報告書「ペンタゴン・ペーパーズ」を、執筆者の一人であるダニエル・エルズバーグから提供されて、連載記事としてこれを大きく報道した。

ベトナム開戦における謀略と欺瞞を暴くこの文書の掲載差し止めを政府は裁判所に提訴したが、司法と国民は掲載を強く支持して、さらにワシントン・ポストなども掲載に踏みきり、アメリカがベトナムから撤退する大きな要因となった。エルズバーグに対する政府の訴追も裁判所から棄却された。

ところが日本では同年、毎日新聞の西山太吉記者が政府の密約と国民への背信行為を暴く記事を紙面に掲載したが、国民はこの取材にまつわる不倫問題により強く関心を示し、結果として外務省密約はないものとされた。

まったく同じ時期に起きたこの二つの事例を考えるたびに、アメリカと日本における「民意とジャーナリズムのありかた」は、これほどに違うのかと暗鬱たる気持ちになる。

ここまで述べた三つの事例と今回の事件は、民意が政治や司法に強い影響を与えているという意味では共通している。ところが日本における民意形成は、政府の説明責任や不正を追及する方向ではなく、一時の感情に煽られながら暴走する傾向が明らかに強い。

海上保安官がネットに投稿した映像は、衝突の瞬間をコアにしながら編集されている。衝突前にどんな経緯があり、衝突後にどんなことが起きたのか、そしてどのように中国船長を拘束したのか、その状況がまったくわからない。職員の研修のために編集したと海保は説明しているが、ならば逮捕する際の映像がないことは奇妙だ。

映像が訴える力は、視点や編集によってころころと変わる。中国船から撮影されていれば、まったく違う事実を呈示する可能性はある。さらに現在のデジタル編集技術を駆使すれば、二つの船のあいだの距離を遠ざけたり縮めたりすることなど簡単だ。

ただし今回についていえば、強引な映像加工がなされている可能性は低いだろうとは思う。中国船がぶつけてきたことも確かだろう。でもそれを差し引いても、映像の危険性についての認識が、あまりに希薄すぎる。特にネットによる内部告発は、今後も増大することが予想される。この程度のリテラシーでは、映像によって民意が恣意的に扇動される可能性も増大することになる。

「愛国無罪」は中国の得意なフレーズだ。それとまったく同じ意味の「愛国者を罰するべきではない」

を公言しながら中国を批判する政治家たちと、これを支持する多くの国民。そんな様子を眺めながら、この国は今、とても際どい状況にあることを実感する。決して好きな話ではないけれど、赤穂浪士が今もなおこの国で大人気である理由は、彼らが裁きを受けたからだ。もしも「彼らこそ武士の鏡だ」「立派に主君の仇を討った」などの世相におもねって全員が無罪放免されていたのなら、後の評価はまったく変わるはずだ。

だから思う。この国はどうやら江戸時代のほうが、罪刑法定主義がしっかりと息づいていたようだと。

空港での一時拘束

『創』２０１１年２月号

時おり飛行機に乗ることが怖くなる。きっかけはいろいろある。たまたま飛行機事故の映画を観てしまった直後というようなわかりやすいときもあれば、まったく根拠らしきものが思いつかないのに、離陸の際に妙に胸騒ぎがするときもある。

２０１０年11月29日のＪＡＬ００６便ＮＹ行き。

ＮＨＫ‐ＢＳの正月番組ロケのための渡米だったけれど、空港でチェックインするころから、その胸騒ぎがあった。できることなら違う便にしたいと思ったけれど、こういうときはその替えた便のほうが落ちる（ような気がする）。

だからＪＦケネディ空港に着陸したとき、とりあえず無事に到着できたことに、まずはほっとした。そして自分の直感の不確かさを自覚した。かつてはけっこう直感に自信はあったのだけど、そろそろ劣化し始めているのかもしれない。

でもハプニングはこの後に起きた。入国審査の際に、じっとパスポートを眺めていた係官はふと立ち上がりブースの外に出ると、付いてこいと手招きした。

事情がわからないままに連れて行かれた取調室には、銃を所持するイミグレイションの担当官が数人いた。白人で三十代後半らしき年齢の担当官は、「おまえは過去にビザを申請して二回拒否されている」と、パソコンの画面に映る僕のデータを見ながら言った。

「そんな記憶はない」

「ここに記録がある」

何が何だかさっぱりわからない。そもそもこれまで、アメリカ入国するときにビザを申請したことはない。今回もESTA（ビザ免除プログラム）で入国している。だから「それは間違いだ」と言えば担当官の形相が変わり、「嘘をつくな」と激昂し始めた。

髪をクルーカットに刈り上げてずんぐりとした体躯のこの白人担当官は、とにかく最初から威圧的だった。部屋に入ってきた僕に椅子に座れと命じたあとは、ちょっと腰を浮かせかけただけで、「そこから動くな！」と大声をあげる。

ガラス扉の向こうでは、僕を見失ったスタッフたちが困惑しながら右往左往している様子が見える。彼らに合図を送ろうと手を挙げるだけで、「何度も同じことを言わせるな！」との怒声が飛んでくる。よくよく見るとその手は、腰のホルスターに入れられた銃に当てられている。さすがアメリカだ。しかも撃ちたくてしょうがないというような雰囲気だ。

数時間が過ぎたころ、乗ってきた日航のスタッフたちが駆けつけてきたけれど、担当官の剣幕に為す術はないというような表情だ。

「おまえは嘘をついた」

「嘘じゃない。とにかくそんな記憶はない」

僕のこの反論が、彼の怒りをさらに煽る。困惑した表情の日航のスタッフたちが、「できるだけ逆らわないでください」と耳打ちする。すると「余計なことはしゃべるな！」とまた怒声が飛ぶ。

何度も「薬物を常用しているか」と質問された。答えはもちろんＮＯ。でも担当官は納得しない。数分後にはまた同じ質問を繰り返す。そのうちにＹＥＳと言ってしまおうかという気分に少しだけなってくる（もちろん言わなかったけれど）。なるほど。こうして冤罪は生まれるのだろうと実感する。

「きわめて悪質だ。おまえは明日の便で帰国させる」

担当官のこの言葉に、思わず「冗談だろ？」と言い返したため、彼はさらに逆上した。

「すぐそこに一緒に来た撮影スタッフたちがいる。彼らに話をさせてくれ」

「ダメだ。そこから動くな」

機内でかなりワインを飲んだのでトイレに行きたい。そう訴えれば、手錠こそされなかったけれど、指示を受けた別の担当官がトイレまでついてきた。便器に向って用を足すそのあいだも、担当官はすぐ後ろに立っている。気分はほとんど拘束されたテロリストだ。

今回の番組ロケは、歴史学者のジョン・ダワーへのインタビューが大きな要素になっている。つい最近『Cultures of war』（未邦訳）を上梓《じょうし》したダワーはその著書で、９・11以降におけるアメリカのアフガンやイラクへの侵攻は大きな愚行であり、テロリズムを世界に拡散した当事国だと主張する。

その番組ロケのための入国でまさしく僕は、９・11をきっかけに喚起されたセキュリティ体制のために、強制帰国させられようとしている。渡米前の胸騒ぎは、飛行機の墜落を予兆したのではなく、この事態のことだったのかもしれないなどと考える。

書類を作成する担当官の目を盗んで日航のスタッフに「これからどうなるのでしょう」と囁けば、「お気の毒ですが（強制送還を）覚悟したほうがよいようです」との言葉が返ってきた。

「今回の渡米はNHKの番組のロケです。ジョン・ダワーとかフランシス・フクヤマとか、多くの人たちとインタビューの約束をしています。もし強制送還ということになれば、大変なことになります」

「事情はわかりますが、でもどうしようもありません」

拘束されてから数時間が過ぎるころ、黒人の担当官が部屋にやってきた。時刻は午後1時。どうやら早番だったらしい白人の担当官は、「今日の日本行きの飛行機はもう乗れないから、おまえは明日の便で帰ることになる」と宣告してから、僕のパスポートと作成し終えたばかりの書類を後任の担当官に渡して、鼻歌を歌いながらロッカールームにと消えた。

黒人の担当官はしばらく僕の書類に目を通してから顔を上げて、「おまえは過去にビザ申請を却下されたのか」と、低い声で質問した。うんざりしながら「NO」と答えた僕に担当官は、「これからはYESと答えろ」と言いながら、書類とパスポートを手渡してきた。事態がよく飲み込めない。

「もう行っていいのか」

そう訊ねれば、彼は無言でうなずいた。できることならこの場で抱きついて頬ずりしたかったけれど、一刻も早くこの場から立ち去りたいとの思いのほうが強く、とにかく荷物を抱えて日航のスタッフと共に取調室から飛び出した。

結局のところ何が問題だったのか、いまだによくわからない。おそらくは何らかのデータのミスだと思う。渡された取り調べの書類に記述された名前は別人だったような気がするし（一瞬でまた取り上げられた）、この半年前にアメリカ入国したときは何の問題も起きなかった。

いずれにしてもアメリカの空港におけるセキュリティチェックはすさまじい。Ｘ線検査や金属探知を受ける前には、靴を脱ぎ、コートやジャケットも脱ぎ、さらにベルトも外さねばならない。まるでこれからシャワーでも浴びるかのような気分になる。でもここはバスルームではなく、おおぜいの人がひしめく空港だ。しかも行列の先頭。日本人である自分ですら相当な抵抗があるのだから、人前で靴を脱ぐ習慣がないアメリカ人にとっては、これは屈辱の感覚に近いはずだ。

でも行列に並ぶ誰一人も抗《あらが》わない。みな諦めきったような表情のまま、黙々と指示に従っている。アウシュビッツに輸送されたユダヤ人たちを比喩に使いたくなる。それが相当に不適当で不謹慎であるとわかってはいるけれど。

宿泊するホテル前でタクシーを降りてから、路上の売店に置かれていた日刊紙「am NEWYORK」を、スタッフの一人が買った。一面に大きく〝TERRORIST〟の見出しが掲載されていたからだ。日本を出てからここに着くまでのあいだに、また大きなテロがあったのだろうか。でも紙面を広げれば〝TERRORIST〟の見出しの下には、ウィキリークス創設者のジュリアン・アサンジの顔写真が掲載されていた。これは羊頭狗肉だなあとスタッフが顔をしかめる。要するに「東京スポーツ」的なテクニックだ。そういえば大学生の頃、駅のキオスクで「猪木リングで死亡」という見出しを目にしてあわてて買って読めば、内側に折り込まれている部分には「……するかもしれないと語る」と続いていたことを思いだした。

ウィキリークスの功罪についてはともかくとして、こうしてマスメディアを媒体にしながら、人々の無意識領域でテロの解釈が拡張される。何でもかんでもテロ。テロの大安売り。その結果として社会の不安や恐怖は高まり、排除や排斥がさらに進む。つまり、不安や恐怖を煽ることで政治目的を達成することを目的とするテロリズムは、メディアの協力によってさらなる大義を得ることになる。

今回の取材テーマは9・11以降のアメリカだ。ジョン・ダワー以外にもアメリカ国内のネオコンへの決別を宣言したばかりの政治学者フランシス・フクヤマや、『仮想戦争』（藤原書店）を発表したばかりのイスラム学者レザー・アスラン、『スーパーサイズ・ミー』が大ヒットしたモーガン・スパーロックなどにインタビューしつつ、アメリカ国内のムスリムの生活やIVAW（イラク帰還後に反戦を訴える兵士の会）などを取材した。アメリカは怒りと悲しみに悶えていた。不安と恐怖に巨体をのた打ち回らせていた。そしてその帰結として、憎悪と報復は世界に広がっている。

ロケの最終日は、ニューヨークのクィーンズ地区にあるタウンゼント・ハリス高校を訪ねた。この地区に居住する白人（アングロサクソン）は全体の3分の1以下だ。過半数は黒人とアラブ、ヒスパニックとアジア系。あらゆる宗教と文化が混在している。イラク戦争について生徒たちに訊ねれば（彼らが5〜6歳のころに同時多発テロは起きた）、「最初は悪いイスラムをやっつけろと思っていました」と黒人少年が発言する。「ブッシュ大統領は正しいと信じていました。でも今は、少なくともあの戦争は間違いだったと思っています」

「いい歳をした大人たちも間違えるということを私たちは知りました」

赤毛の女の子が言う。

「でも今もアメリカでは、イスラム教徒に対しての差別は続いています」

イランから両親と共に移住してきたという女の子が、「私は今も怖くて、ヒジャブを人前では頭に巻けません。本当はもう髪を見せてはいけない歳なのに」と発言した。

「ご両親は？」

「仕方がないとあきらめています」

「子供のころ、僕は軍隊に入ろうと思っていました」

韓国系の男の子が手を挙げる。

「でも今は悩んでいます」

「なぜ？」と隣のヒスパニック系の男の子が首をかしげる。

「前はアメリカが正義だと思っていたもの」

「今は違うの？」

「わからなくなった」

「僕も同じだ」

「憎しみに対して憎しみで応えても広がるだけよ」

「でもテロリストを放ってはおけない」

「そうだよな」

「どうしよう」

「知ることよ」

ヒジャーブをしっかりと巻いたもうひとりのアラブの少女が、全員を見渡してから言う。「私はみんなを知っている。みんなも私を知っている。ならば質問よ。私は怖い？」

みんなが首を横に振る。

「私もみんなは怖くない。知っているもの。でも知らなければ怖い。今のこの世界では、無知が最大の問題よ。宗教や言語や民族が違っても、中身はほとんど変わらない。ほんの少しでいい。同じ人間だって気づくことができれば、きっとこんな時代は終わると思う」

……当日のメモを見ながら会話を再現した。高校生の会話としては出来すぎでありえないと、読みながらあなたは思うかもしれない。でも事実だ。オンエアされた番組ではこの会話の一部が放送された。生徒たちと話しながら実感した。アメリカは大丈夫だ。独善的で自己中心的で力任せのどうしようもない国で失敗ばかりするけれど、きっといつかは復元する。

タウンゼント高校での撮影を終えたその夜、ホテルの部屋でパソコンを起動して日本のニュースをチェックした。渡米した直後に、歌舞伎役者の市川海老蔵が西麻布のバーで元暴走族の男に暴行された事件が、大きなニュースになったことをネットで知った。その事件というか騒動が、アメリカ滞在中もずっと、Ｙａｈｏｏ！ニュースのトップにランクインしている（実のところ帰国してこの原稿を書いている今も、やっぱりワイドショーや雑誌ジャーナリズムでは、この騒動がトップニュースの扱いだ）。

アメリカの高校生たちの真剣な議論を聞いたばかりの僕は、パソコンの画面を見つめながら、ひたすら吐息ばかりをついている。

今、自分ができること

『創』２０１１年５・６月号

最終的に東電だけを悪者にするのなら、A級戦犯だけを処刑して戦争責任の所在やメカニズムを曖昧《あいまい》にしてきた日本の戦後体制と何も変わらない。ずっと原発については反対してきたけれど、今さら「だから言ったじゃないか」とは言いたくない。ただし福島第一原発爆発直後に始まった計画節電については、今もまったく納得できない。どう考えてもパフォーマンスだ。これまでも電力会社は、特に原発がらみで不測の事態が起きるたびに、「ならば電気が途絶えますよ」と脅迫的なブラフを国民に与え続けてきた。でも今回はそのブラフの結果として交差点の信号が停まり、数人が事故で死んでいる（だから東電はあわてて計画節電を停止した）。

３・11直後から、照明が半分に落ちたスーパーやコンビニ店内で、あるいは街燈の灯りが消えた薄暗い往来で、何となくほっとしたような気分になっていた。気持ちが楽なのだ。ヨーロッパのスーパーや夜の街を思い出していた。過剰な照明は緊張を強いるのかもしれない。そのときに気がついた。暗くなったのではない。今までが明るすぎたのだ。

ヨーロッパの人たちは、東へ行けば行くほど夜が明るくなって町が騒がしくなるとよく口にする。彼らからすれば、東京はＦａｒ Ｅａｓｔに位置する。つまり極東。世界で最も明るく騒がしくて、そして世界で最も多く電力を消費する街。

ならば変わるチャンスだ。都市部のネオンは今の10分の1でいい。電車や地下鉄の冷暖房は効きすぎる。夜間の建造物のアップライトや樹木の電飾もやめる。企業や工場は計画節電を続ける。消費を抑えれば供給も小さくなる。脱原発を宣言しているドイツやイタリアよりも、日本は川や山が多いのだ。脱原発はまったく夢ではない。とても現実的な選択だ。

そう思っていた。それが当然だと思っていた。でもこの国では、そうは思わない人たちが多いらしい。そうは思わない人たちがシステムを戻す。そして多くの人たちがこれに従う。

だから思う。この国は絶望が足りない。決定的に足りない。今回だけではない。世界で唯一、核兵器直撃の被害を受けた広島と長崎。世界で初めて公式に認定された公害である水俣病。そして福島第一原発の爆発。この国の歴史は、結局のところ「喉《のど》もと過ぎれば」をずっと繰り返している。これまでも。そしておそらくこれからも。

世界で最も夜が明るい東京。そして東日本大震災の発生時、僕はまさしく、最も明るくて騒がしい街のひとつである六本木にいた。森タワー16階の会議室。テレビ朝日に事務局を置く民教協（民間放送教育協会）が主催するドキュメンタリー番組企画の審査会が始まった直後だった。このとき会議室には、一次審査を通過したローカル局のディレクターやプロデューサーが集まっていた。審査員は崔洋一と星野博美と森達也の3人だ。

最初のプレゼンテーションは、山陰放送の佐藤泰正ディレクターだった。始まってすぐに激しく揺れた。最初は縦。そして横。その揺れ幅が尋常ではない。しかも長い。立っていることができない。床を転がりそうだ。窓ガラスを突き破って空中に放り出される自分のイメージが浮かんだ。ビルが崩壊するかもしれない。そもそも高所恐怖症なのだ。思わず揺れるテーブルの下にもぐったら、崔洋一の怖い顔が目の前にあった。「高所恐怖症なんです」と小声で囁けば、「俺もそうなんだよ」と崔は震える声でつぶやいた。

やがて揺れはおさまった。もはや審査会どころではない。しかし帰ろうにも電車は動いていない。時刻的にはそろそろ夕方。ならば選択肢はひとつしかない。

全国から集まったディレクターやプロデューサーたち総勢20名ほどで六本木の居酒屋に行き、夜半までわいわいと酒を飲んだ。この時点では、津波によって東北では大きな被害があったらしいと何となく知ってはいたけれど、でも言い換えればそのレベルだった。携帯は繋がらないし、テレビが傍になければ、被害の規模や詳細はわからない。つまり情報がほとんどない状態のまま、僕たちは酒を飲み続けた。

すっかり暗くなってから店を出たけれど、電車の運行は復旧する気配もない。道路は凄まじい混雑だ。地方から来たディレクターやプロデューサーたちは、予約していたホテルに徒歩で向かった。でも日帰りのつもりのディレクターも数人いた。信越放送の手塚孝典もそのひとりだ。茨城と千葉の県境に住む僕も、帰ろうにも帰れない。仕方なくその夜は、六本木から徒歩で2時間ほどかかる星野博美の家に、手塚とともに泊めてもらった。途中で見かけた中華料理店で餃子とビール。べろべろに酔っぱらいながら着いてから、テレビのスイッチを入れた。画面に映るのは、真っ暗な釜石市街の空撮映像だった。ところどころで赤い炎が立ち昇っている。画面を観ながら3人は言葉がない。とてつもない大惨事が起きていることを、このとき初めて実感した。

翌日の昼に大混雑の電車を乗り継ぎながら帰宅して、それからほぼ毎日、家に引きこもりながら朝から深夜までテレビを見続けた。家を失った人。子供を津波に呑まれた人。瓦礫《がれき》の中を泣きながら夫を捜し続ける妻。年老いた両親の遺体を前に歯を食いしばる息子。卒業式の答辞を泣きながら読み上げる中学生。早朝から夜中までテレビを見続けた。

津波に呑まれた人たちがもがき苦しみながら死んでいったその瞬間、僕は六本木の居酒屋でホッピーを飲んでいた。途中からは日本酒に切り替えたはずだ。ウド酢みそ和えとか鶏の唐揚げとか刺身盛り合わせなどを食べながら、地方局のディレクターやプロデューサーたちとバカ話に興じていた。ゲラゲラ笑っていた。新幹線なら東京からたった2時間の距離なのに、津波でこれほどおおぜいの人が死んでいるとは思わなかった。

だから悔しい。辛い。あまりにアンフェアだ。自分を罵倒したくなる。あまりにも無慈悲だ。神などいない。もしいるのなら、あなたは絶対に間違っていると、その胸ぐらを掴みたくなる。

歴史とは惨事の記録でもある。天災もあれば人災もある。戦争もあれば虐殺もある。でもこれまで、アウシュビッツやら東京大空襲やら9・11やら魔女狩りやら、歴史に残る大惨事について、いろいろと発言したり記述したりしながら、結局のところ僕は実感など持っていなかったのだと気がついた。所詮《しょせん》は他人事なのだ。だって距離を置かなければ、書いたり撮ったりはできない。

でも今回は、気がついたらその堤防が崩れていた。理由はまだわからない。ずっとテレビを見続けていたせいかもしれない。のんきに居酒屋にいたせいかもしれない。へらへらと笑っていた自分を知っているからかもしれない。あるいはもっと本質的な要素があるのかもしれない。

引きこもり中、新聞からはコメントの依頼が何度かあった。ラジオからも出演依頼が来た。すべて断った。語れる言葉がないからだ。圧倒的な無力感。虚脱感。何も言えない。何も書けない。ただテレビを見ていた。時おりめそめそと泣いていた。

でも昨日、綿井健陽から、被災地に行くのだけど同行しませんかとの連絡が来た。いったんは断った。今は何もしたくないと。とてもじゃないが被災地に行くような気分にはなれないと。それから入浴した。そしてバスタオルで身体を拭きながら綿井に連絡して、やっぱり行くことにすると告げた。動かなくては。何かをしなくては。

被災者のために今、自分ができること。

テレビではそんなフレーズがさかんに流れている。自分ができることはまだわからない。というか、できることなどあるのだろうか。でもこのまま鬱状態でいても仕方がない。

なぜなら僕は被害者じゃない。遺族でもない。具体的な被害は何もない。寒ければ暖房機器のスイッチを入れればいい。冷蔵庫には食材がたっぷり入っている。いつでも入浴することができる。それなのにテレビを観ながら、気分だけが遺族になっている。つまり疑似的ＰＴＳＤだ。いい気なもんだと我ながら思う。胸ぐらを掴みたくなる。

この気持を携えながら現地に向かう。久しぶりに映像を撮る。ただしかつての愛用機はもう埃を被りすぎていて使えない。綿井の予備用のカメラを借りることにした。プロデューサーの安岡卓治とドキュメンタリー映画監督の松林要樹も同行することになった。作品ということではないけれど、現地でカメラを手にしながら、今自分ができることを考える。自分の胸ぐらを掴む代わりに撮影する。模索する。距離などもう考えない。

もう書くことがない。地震から数日後に〈ＨＰのコラム用に〉やっとの思いで書いた以下の文章を、最後に引用する。

〈頑張らなくても生きてゆける人たちの「頑張ってください」との声が、今は頑張らなければ生きてゆけない人たちに対して、いかに残酷で身勝手で自己陶酔的であるかは知っている。

でも今、僕が発することができる言葉はこれしかない。他には何も浮かばない。心から願う。そして祈る。頑張ってください。負けないでください〉

後ろめたいけれど、敢えて撮る

『創』2011年7月号

陸前高田市内に近づいたとき、いきなり窓の外の景色が一変した。道路の両側にはうず高く積まれた泥と瓦礫《がれき》が、延々と続いている。さんざんテレビ画面で観てきたはずの光景だけど、やはり強い衝撃だった。

リアシートに座りながら僕は、ずっとビデオカメラを回し続けていた。『A2』を撮って以降のこの10年で、いま手もとにカメラがあれば、と思うことは何度かあったけれど、それは常に瞬間だった。持続した思いではない。

でも今回の「撮りたい」という思いは持続している。陸前高田から始まって大船渡に石巻、そして東松島などの被災地を巡りながら、その非現実的な光景に、僕は圧倒され続けていた。冷静ではいられなかった。自身が混乱の渦中にいるからこそ、今回の現場でビデオカメラはとても有効だった。そして（あるいは、だからこそ）僕は久々に、撮ることの加害性を実感した。

石巻で遺体の搬送現場を撮っていたとき、突然ひとりの男性から、角材を投げつけられた。彼は被害者遺族だ。怒るのは当たり前だ。他の現場でも罵声を浴びせかけられた。

もう一度書くけれど、その怒りは尤もだ。もし僕が彼らの立場だったら、もっと直接的な実力行使に出たかもしれない。胸ぐらを掴んで首を締め上げていたかもしれない。撮られているのが自分の家族や近親者の遺体であれば、撮影している男たちに殺意を抱いたとしても不思議はない。「(その映像を) ネットに上げるのか」とも言われた。もちろんそんなつもりはない。でもどうやらこの時期、遺体などの映像をネットで晒す人たちも確かにいたようだ。別の男性からは、「人の不幸がそんなに楽しいのか!」と激しく罵声を浴びせられた。

申し訳ありません。決して楽しくて撮っているわけではありません。激昂する彼に対して、まず僕はそんなことを言ったはずだ。至近距離から撮っているわけではないし、へらへら笑いながら撮っているつもりもない。このときに撮っていたのは、毛布に包まれた遺体が車に乗せられる状況だ。決して遺体そのものではない。

でもそう弁解しながらも、やはり胸は張れない。こそこそと撮っていたことは確かだ。だって後ろめたいのだ。多くの遺族たちが慟哭《どうこく》するこの場で、なぜ自分はカメラを手にしているのか。そもそも何の被害も受けていないのに、なぜわざわざこの場にやってきたのか。その思いを拭えない。いや拭えないどころか、日ごとに強くなる。

だから思いだす。ライフワークとして水俣病を撮り続けた土本典明監督が綴《つづ》った以下のエピソードを。

たまたまレンズをむけた漁家の庭に在宅の患児が漁具をつくろう部落の女衆にまじって、日なたぼっこをしていたのである。その子がいるとはまったく予想しなかった。キャメラをまわす中で、こわきにかかえられた子供が家に連れこまれ、やにわに母親の怒り声と女衆の非難の声が一斉に起きて、初めて

事態を知ったのである。

「うちの子はテレビのさらしものじゃなか。何でことわりもなしに撮ったか、おまえらはそれでも人間か。わしらを慰みものにするとか。あやまってすむとか。みんなしてわしらを苦しめる。写真に撮られて、この子の体がすこしでもよくなったか。寝た子ば起こして」。

これは私の記憶ではない。母親はたて切った障子のかげで、上がりがまちに手をついて詫びつづける私に放った声と泣きごとと責め言葉を、多分かくあったであろうと書いたままである。

（土本典昭『水俣映画遍歴』新曜社）

このとき同行していた撮影スタッフに聞いた話だけど、母親に激しく責められながら土本は、路上に両手両足をついて四つん這いになり、激しく嘔吐したという。まるで自らの業に自家中毒でも起こしたかのように。

明確な目的意識もないままに遺体を撮ろうとして罵声を浴びせられた自分と、水俣にこだわり続けながらも己の業に激しく嘔吐した土本を、同列に置くほど愚かではない。レベルが違う。でもきっと位相は変わらない。

とにかくこのとき、角材を投げつけてから激昂する男性に、僕は何度も謝った。一緒にいた綿井と安岡、松林も、口々に詫びの言葉を述べた。男性は言った。

「じゃあ今すぐ撮るのをやめろ」

「やめません」

僕は言った。実はこの瞬間も、肩から下げたカメラのスイッチはＯＮのままだった。男性は唖然とした表情になった。それはそうだろう。僕が彼の立場だとしても呆れる。

「だって今、おまえたちは謝ったじゃないか」

「はい」

「ならば撮影をやめろ」

「やめません」

「悪いと認めたじゃないか」

「申し訳ないです。でも撮影はやめません」

男性がもしこの遺体の親族であるならば、僕は撮影をやめていたかもしれない。でも男性は近くの町の住人で、少なくともこの遺体の近親者ではない。ならば撮る。謝りながら撮る。嘔吐しながら撮る。編集時に使わない可能性は高いけれど、でもとにかく撮る。男性がもう一度「ふざけるな」と怒鳴ったとき、後ろから尖った声を浴びせられた。

「いい加減にしろよ！」

振り返れば、一眼レフのデジタルカメラを手にした若い新聞記者だった。左腕には「報道」と記された腕章を嵌《は》めている。

「同業者として恥ずかしいよ。俺は遺体など絶対に撮らない」

このときに自分が何と答えたのかは覚えていない。あるいは答えなかったのかもしれない。記者からはもう一度、「恥ずかしくないのか」というようなことを言われたので、「とても恥ずかしいです」と答えたような気がする。

とても恥ずかしい。とても後ろめたい。でもそれが僕たちの仕事なのだ。被災地では多くの記者やディレクターたちが、カメラや取材メモを手にしながら立ち尽くしていた。自分は何を撮り、何を伝えるべきなのか。遺族に何を訊くべきなのか。何を訊きたいのか。そもそもなぜここにいるのか。なぜ泣きじゃくる人たちにカメラを向けているのか。そんな思いで引き裂かれていたはずだ。

人の不幸を飯の種にしている。それは自覚している。人の哀しみを何度も意識に刻んでいる。胸など絶対に張れない。とても恥ずかしい。誇れることなどこれっぽっちもない。でも撮ることはやめない。書くこともやめない。卑屈に詫びながら、へらへらと謝罪しながら、これからも撮り続ける。書き続ける。


5月2日、ウサマ・ビン・ラディンが米軍特殊部隊に殺害された。場所はパキスタンだ。でもアメリカ政府はパキスタン政府に一切の通告すらしなかった。明らかに主権の侵害だ。そもそも戦争はもう終結している。ならば米軍特殊部隊がたった一人の（丸腰だったとの説もある）男を殺戮《さつりく》する大義はない。同時多発テロを主導した「容疑者」であるのだから、抵抗がないのなら、逮捕して裁判にかけるべきなのだ。ところがアメリカは当然のように殺害した。この決定を下したホワイトハウスと歓喜するアメリカ国民への違和感だけではなく、アメリカ以外の（例えば日本の）大手メディアが、この殺戮は多重に国際法に抵触している可能性があると指摘しない理由がわからない。日本国内の多くの人が、アメリカを支持する理由がわからない。

だから思いだす。サリン事件を主導したとして絶対的な悪に規定され、まともな裁判すら受けずに死刑判決を受けた男のことを。この事件でこの国は大きな転換点を迎えたのに、今では誰も関心を持たない男のことを。

かつて彼の裁判を傍聴したとき、99%の確率で彼の精神は崩壊しているとの趣旨で、共同通信や朝日新聞に寄稿した。今は100%だ。彼の精神は完全に崩壊している。詐病のレベルでは絶対にない。一審の途中から彼の精神は完全に崩壊した。でも治療どころか精神鑑定すら行われなかった。その帰結として、戦後最大の事件の首謀者の発言は封じられ、事件の動機はいまだに解明されていない。

こうしてサリン事件によって激しく刺激されたこの国の不安と恐怖は、その後に急激に上昇して、セキュリティや危機管理や安全保障などの言葉と融合しながら、この国の形を大きく変え始めた。これからはさらに変わる。それは断言できる。

この原稿を入稿する直前の5月22日、太地町の漁民たちに半年間密着したNHKスペシャル「クジラと生きる」が放送された。

NHKが撮り続けていることは知っていた。だから放送を楽しみにしていた。でも観終えて呆然とした。これはまさしく、『ザ・コーヴ』の反転ヴァージョンだ。描かれているのは漁民の側からの視点だけ。水産庁や鯨類研究所などの構造的な問題や、調査捕鯨やイルカ肉流通の問題点なども、まったく語られていない。

獲物を湾に追い込むまでのシーンはあるけれど、屠殺のシーンはぷっつりとない。その場面を人に見せるべきではないとする漁民たちの意見が、番組の大前提になっている。盗撮という手法についての是非はともかくとしても、シーンそのものを隠すべきではないと僕は思う。露骨に見せないまでも示す方法はあったはずだ。差別問題が絡む牛や豚の屠殺とは位相が違うのだから。

何よりも、最初から最後までイルカをクジラと呼び続けたナレーションにあきれた。確かにイルカは広い意味でクジラの仲間だが、この二つの呼称が与えるイメージはまったく違う。唖然とするくらいに露骨な印象操作だ。今回の騒動のキーパーソンで太地町に滞在していたはずのリック・オバリーにも、まったく取材をしていない。ワンカットだけ映り込んでいたから、インタビューは試みたはずだ（と思いたい）。でも消えた。漁民への理解や共感を頻繁に口にするオバリーに代わってフォーカスされたのは、口汚い言葉を漁民に浴びせるシーシェパードの一部メンバーばかりだ。多くの人は「クジラと生きる」を観ながら、『ザ・コーヴ』とシーシェパードがほとんど一体化してしまうはずだ。何よりも「クジラと生きる」では、『ザ・コーヴ』が提起したイルカショー用のイルカ捕獲の問題点について、見事にまったく触れていない。

念を押すが、漁民の側から撮ったのだから、漁民寄りになることは当たり前。それは逆に、漁民との関係を構築することをまったく意識においていない『ザ・コーヴ』も（対極の位相だが）同様だ。でも少なくとも『ザ・コーヴ』においてルイ・シホヨス監督は、自らも被写体の一人として顔や名前をスクリーンに何度も晒しながら、この映画は自分たちのプロパガンダでもあると明確に宣言している。これに対して「クジラと生きる」は、『ザ・コーヴ』に対してのアゲインストとしての意図は明らかなのに、制作者の顔は見えないし息づかいも聴こえない。つまり客観性を装っている。

補足だが、放映された「クジラと生きる」を観た伊東良孝自民党衆院議員（現在は農林水産副大臣）は国会で、「（シーシェパードの行為は）法治国家日本において、いかに外国人とはいえ、このような無法が許されていいはずがない」と発言し、仁坂吉伸和歌山県知事は「テレビを見て、挑発に乗らず耐えておられる太地の方々を見て、この人々を絶対に見棄てないぞとの決意を新たにしました」と述べた。さらに松田裕之横浜国立大学教授は、映画『ザ・コーヴ』と違ってNHKは非常にバランスのとれた撮り方をしていると評し、野村康名古屋大学准教授は、「クジラと生きる」などに映し出された（シーシェパード）の活動家は、違法性が高い行為を日常的に繰り返していると批判したという。的外れであるならば申し訳ないけれど、『ザ・コーヴ』とシーシェパードの区別がついていないのではと思いたくなる。それはそれでNHKの思惑どおりということになるのだろうか。

「クジラと生きる」オンエアから2カ月後、NHKはさらに長尺に再編集した「鯨の町に生きる」をETVで放送した。相変わらずイルカはクジラ。さらにこのバージョンでは、重要な被写体である鯨漁師を父に持つ14歳の少女に、ナレーションの一部を担当させた。その意図は露骨なほどに明らかだ。

だから少なくとも、作品に対する誠実さと覚悟において、僕はルイ・シヨホスを支持する。簡単に言えばNHKは狡《ずる》い。結果として「クジラと生きる」は、『ザ・コーヴ』へのアンチというイデオロギーに従属するプロパガンダ作品になっていた。しかも顔が見えない。

震災で表出した後ろめたさ

『創』2011年8月号

震災後に何かが変わった。何かが励起した。それは確かだ。でも何がどう変わったのか、何が励起したのか、そしてその何かはこれからどう変わるのか、ずっと考えている。僕だけではなく多くの人が、震災前とは何かが変わったと感じているはずだ。とても微かではあるけれど決定的な何かだ。

6月中旬、京都から小松、そして静岡という移動が続いた。いずれも浄土真宗大谷派のお寺や、お寺が関係する団体が主催する講座だった。

小松市の名刹《めいさつ》「称名寺」で行われた講座では、もう一人の講師で仏教思想を基盤としながら刑法を再構築することを主張する平川宗信中京大学教授（当時）が、震災後の社会を形容しながら、何度も「慚《ざん》愧《き》」という言葉を口にした。

生きることへの慚愧。あるいは「後ろめたさ」。キリスト教的な語彙《ごい》にすれば「原罪」。自責の思い。ひとつの言葉には収斂《しゅうれん》できないけれど、震災後にこの国の多くの人たちが意識下で励起させた何かを言語化すれば、そんな感覚になるのだと思う。

例えば地下鉄サリン事件が起きたときも、1年以上にわたってメディアは一極集中的な報道を続けていたけれど、でも社会の雰囲気はまったく違う。テレビや週刊誌はもっと（良い意味でも悪い意味でも）低俗だった。不真面目だった。少なくとも今回のように、悩んだり考え込んだりはしていなかった。

年老いた母親を背負いながら逃げようとした男性が、津波に飲まれて意識を失い、やがて自分だけが救助されていたことを知り、今もなお自分を責め続けているという記事を新聞で読んだ。

彼だけではない。愛する妻や夫や子や両親を失いながら自分だけが生き残ったという現実を、多くの人たちが咀嚼《そしゃく》できずにいる。後ろめたさに圧倒されかけている。いわゆるサバイバーズ・ギルト（生存者の罪責感）だ。

そしてこの感覚は被災者だけではない。被災しなかった人たちも、これまでと大きくは変わらない日常を送りながら、このサバイバーズ・ギルトを意識下で共有している。

震災の影響で今季は大学の授業開始が遅れた。ゴールデンウィークを返上した一回目の授業が終了する直前、一人の女子大生が思いつめたような表情で挙手をした。

「今のテレビについて、とても強い違和感があります」

彼女は言った。

「なぜテレビは、地震発生直後からしばらくは震災報道一色だったのに、気がつけばこれほどにあっさりと、通常のバラエティやグルメ番組などを放送できるのでしょうか」

彼女のこの質問を聞きながら、うんうんと頷《うなず》いている学生がかなりいる。どうやら多くの学生が、同じような違和感を抱いているらしい。

「あまりにも不謹慎というか、冷酷さを感じます」

「でも、いつまでも震災の報道ばかりでは、例えば被災して避難所にいる人たちだってうんざりすると思うよ。幼い子供たちもいるのだから」

僕がそう答えると、「それは理屈としてはわかります」と彼女は言った。

「でも、つい数週間前までの報道を考えれば、お笑いタレントがゲラゲラ笑ったり高級料理を食べたりしているような番組を見ながら、やっぱりテレビは何かが麻痺しているんじゃないかと思います。こんなに簡単に忘れてしまっていいのですか。それではあまりに冷たすぎます」

後半は涙声になった彼女の発言を聞きながら、(彼女が口にした)「テレビに対する違和感」は、実のところ「自分自身に対する違和感」なのだろうと気がついた。

多くの人たちが震災や原発の報道に飽き始めている。そろそろ以前のように、バラエティやグルメの番組を観ながら笑いたい。日常を取り戻したい。でも忘却することに不安がある。それではあまりに冷酷過ぎないかと自分でも思う。震災直後にはあれほどに衝撃を受けたのに、いつのまにか関心を失いながら、日常に戻りかけている自分を認めたくない。

だからこそテレビのバラエティ番組に対して、必要以上に違和感を抱いてしまう。自責。罪責感。慚愧の思い。生きることへの後ろめたさ。原罪。語彙はそれぞれ違っても、多くの人がこの思いを引きずり続けている。例えば朝日新聞6月11日朝刊オピニオン面で鷲田清一大阪大学長(当時)は、「隔たりは増殖するばかり」と題された文章を寄稿した。

「隔たり」ということを、いまもって強く意識させられたままだ。被災した地域の人々と被災しなかったわたしたちとのあいだの「隔たり」。地震が起こった直後、被災地から遠く離れた私たちは、テレビ

の伝える映像に息を呑むばかりであった。映像に釘づけになる日を幾日か過ごし、十六年前関西で被災した者として、すぐに何ができるだろうかと思った。

もう一つ例を挙げる。同じく朝日新聞6月20日文化面で、50年ぶりにデモに参加したと発言して話題となった柄谷行人が、「6・11デモ新旧混在」のタイトルで以下のように語っている。

原発が危険なことは、わかっていたのに何もしてこなかった。その責任の意識から歩きました

鷲田は「隔たり」と書き、柄谷は「責任の意識」と言う。共通する要素はやはりサバイバーズ・ギルトだ。生き残ったゆえの罪責感。今回の震災による犠牲者（死者と行方不明者）数は、おそらくは3万人近くになるだろう。膨大な数だ。この数量と規模に社会は圧倒された。でも（だからこそ）考えこんでしまう。この国では毎年、3万人を超える人たちが、自ら命を絶っている。

この国から外に目を転じれば、スマトラ島沖地震と津波による犠牲者数は22万人だ。四川大地震は9万人で、昨年のハイチ地震に至っては31万6千人。これらの報道を聞いたり読んだりしながら、かつて（僕も含めて）どれほどの人たちが、その悲しみや辛さを共有していただろう。被害を実感していただろう。大変な災害だとは思いながらも、結局は他人事だったはずだ。

災害だけではない。世界では今この瞬間も、飢えや病気で苦しみながら、多くの人が命を絶たれている。カラシニコフで頭を撃ち抜かれ、キャタピラで四肢を踏みにじられ、ミサイルで臓物を撒《ま》き散らされながら、女や子供や老人たちが苦悶の声をあげている。兵士たちは死んでいる。

時おりはそんな人たちのことを考える。でも持続しない。だって日常がある。仕事は忙しい。子供の進学や親の介護。ローンの返済も大変だ。悩みの種は尽きない。だから目を逸《そ》らす。いつのまにか忘れてしまう。

多くの人はとても優しい。でも冷酷でもある。この二つは相反しない。誰かの悲しみや辛さをすべて共有しながら生きることなどできない。それでは社会が壊れてしまう。でも自分が冷酷な存在だと気づきかけたのなら、それはそれで意味あることだと思う。

浄土真宗のお寺を回る旅を続けながら、この教団のこれまでの歴史について考えた。親鸞という並外れた思想家を宗祖に置きながら、部落差別やハンセン病患者への隔離政策などに、浄土真宗は教団として加担した。第二次世界大戦の際に大谷派は、**「罪悪人を膺懲（退治）し、救済せんがためには、殺生も亦、時にその方法として採用せらるべき」**（昭和12年8月）との布告を出して、戦争への協力を正当化した。救済のために殺す。つまりポアの思想だ。大谷派だけではない。西本願寺派も戦争に協力した。浄土真宗だけではない。日本の仏教諸派はすべて戦争を肯定した。仏教諸派だけではない。もちろん国家神道も日本基督教団も、この戦争を聖戦として支持をした。

大きな間違いを犯した。だから後ろめたい。だからこそ今の浄土真宗は、死刑や靖国問題、憲法9条や戦争について、とても積極的に発言する。自分たちの過ちを隠さない。負の歴史を直視する。考えている。思考を持続し続けている。

だから結論。今はとても辛い。でも声高に「誇り」やら「品格」などを叫びながら負の部分から眼を逸らすことよりも、「後ろめたさ」や「負い目」をこれからも持続するほうが、絶対に正しいと僕は思う。ただし問題は、これからも持続し続けることができるかどうかだけど。

反骨で悔しいドキュメンタリー「死刑弁護人」

『創』２０１１年12月号

２０１１年10月６日の深夜、東海テレビでドキュメンタリー番組『死刑弁護人』が放送された。この作品の被写体（つまり死刑弁護人）は、多くの死刑事件の被告人を弁護すると同時に、死刑廃止運動のシンボル的存在でもある安田好弘弁護士だ。

放送時間は、深夜24時45分から26時半までの１時間45分。まずはこの尺からして、通常のテレビ番組の枠からはみ出している。

内容や感想について書く前に、東海テレビのウェブサイトに掲載されている視聴者からの感想や意見を、まずは読んでほしい。

・なんでわざわざ反社会的なものに光を当てるような番組作りをしているのか？　何が司法の在り方だ。気持ち悪いにも程がある。

・死刑弁護人見ました。言葉がうまく出ませんが、様々な現実がこの世界にはあるんだなと感じました。（中略）私自身この番組を見てまだ頭が整理されていません。すべてを理解するのは一生かかってもできないのかもしれません。それでも少しずつ今日見た現実の一部を理解したいと思います。

・オウムのような殺人を正当化して自分勝手な信仰団体を築いた麻原のような人物が逮捕後更生するこ

となど100%ありえないことなど火を見るより明確なことなのに「死刑廃止」を主張する弁護士は、それでも弁護士かと。いや、正常な判断ができるまともな人間かと疑わざるを得ない。（中略）人の命を軽視する不適切な番組であり、東海テレビはこのような番組を放送したことを猛省すべきだ。次回は「死刑存続賛成」の番組を放送すべき。

・とても引き込まれる内容で、いつもなら寝ている時間にもかかわらず、最後まで見入ってしまいました。（中略）もっと多くの人にこの番組を観ていただきたいです。是非、もっと早い時間などに何度か再放送してほしいですし、全国ネットで流してほしいです。

今のところ、賛否はちょうど半々ずつのようだ。バランスを取った可能性もあるけれど、おそらくは実際に、賛否両論の意見が放送後に寄せられたのだろうと推測する。

ここまでを書いたところでふと思いつき、ネットで「安田好弘」を検索してみたら、YAHOO！知恵袋で**「安田好弘弁護士をどう思う？」**との質問にヒットした。

ベストアンサーは、**「一緒に死刑にしてもらえばいいと思う」**

これに対しては40人の人が、「この回答は役に立つ」と評価している。要するに「いいね！」だ。これがこの国の世情なのか。吐息しか出ない。他の24回答に書かれていた印象的なフレーズを、以下に一部だけ並べてみる。

ぜひ懲戒請求しましょう。

人間としておかしい。

自分の家族や親戚が殺されたとしても、ばかげた主張を繰りかえすのでしょうか？

弁護士免許剥奪してやりたい。
まとめると世の中の大人のくず代表ってとこでしょうか。
この男の頭の中には、本気で被告を弁護する気持ちなぞ、さらさらないに違いありません。
エセ弁護士。
あの顔を見るととても不快になります。
個人感情で申し上げると、市中引き回しの上、島流しにしたいですわ。

コピペしながら嫌になってくる。なぜこれほどに言葉が軽いのだろう。なぜこれほどに思考が浅くて安易なのだろう。なぜこれほどに摩擦なく知らない人を憎悪できるのだろう。なぜこれほどに屈託なくメディアの情報を信じ込んでしまうのだろう。

これらの書き込みに共通する心理は、「被害者や遺族を踏みにじりやがって」との怒りだ。ただし激しく罵倒する人たちの多く（あるいはほぼすべて）は、被害者や遺族ではない。当事者ではないからこそ、本気の怒りや悲しみではないからこそ、表層的な憎悪を共有する。要するにルサンチマンだ。

光市母子殺害事件の差し戻し公判で死刑判決が宣告されたとき、広島高裁の周辺に集まっていた多くの人たちは、一斉に拍手をしたという。万歳という声も聞こえたと地元記者から聞いた。

でも遺族である本村洋は、笑顔すら見せなかった。当たり前だ。遺族が抱くのは、そんな浅いレベルの悲しみではない。報復すれば収まるような怒りでもない。

遺族が抱く応報感情の表層だけを、多くの人は共有する。そのほうが楽だからだ。メディアによって煽られた治安悪化幻想が、これに油を注ぐ。だから軽い。紙のようにすぐ燃え上がる。

死刑存置の理由に遺族感情を挙げる彼らは、日本の殺人事件の半分以上は身内の反抗である（つまり被害者遺族と加害者家族が重複する）ことを知らない。さらに、遺族がいない殺人事件の場合を想像しない。遺族の感情を理由に死刑を主張するのであれば、もしも親類や知人をまったく持たない人が被害者となったとき、その犯人の罰は（応報感情を抱く遺族がいないのだから）軽くて良いということになってしまう。

つまり遺族感情を最優先するならば、天涯孤独な生涯を送ってきたホームレスの命は、妾《めかけ》をたくさん囲って子供がたくさんいる政治家の命より軽いということになる。屁理屈ではない。実際に遺族が応報感情を強く訴えたり死刑への署名運動を始めたとき、メディアは大きく報道し、結果として裁判所は世相を考慮した判決を下すという傾向はすでに始まっている。

ならばその瞬間に罪刑法定主義は崩壊し、この国の司法は、武士階級の命を農民や商人の命の価値より上に置いた封建時代に戻ることになる。その覚悟はあるのだろうか。

『死刑弁護人』は明らかに、非テレビ的な作りかたを標榜《ひょうぼう》している。まずはテンポが違う。テレビなら当然のようにカットするタイミングなのに、『死刑弁護人』は切らない。数フレームから場合によっては数秒、カットを切るタイミングが遅いのだ。

たった数秒と思われるかもしれないけれど、この数秒が重なることで、作品の印象はまったく変わる。作品に向き合って思考することを要求されていると、観る側は感じるのだ。これが耐えられない人はチャンネルを変える。そしてテレビをぼんやりとみている人の多くは、このテンポに耐えられない。だから普通ならこんな編集はしない。これはテレビではなく、チャンネルを変えることができない劇場の編集だ。

さらに、ナレーションによる説明が、ほとんどない。つまりわかりやすさに淫しない。そしてモザイク。これはもう、気持ちがよいくらいに一切ない。

覚えている人も多いと思うけれど、逮捕前の林眞須美（現在は確定死刑囚）が報道陣の前に現れてしばらくしてから、彼女が着ていたトレーナーに描かれたミキハウスのロゴマークに、多くのニュースやワイドショーが一斉にモザイクを入れた。わけがわからない。顔や名前や年齢を重要なアイデンティティとして晒すのなら、ミキハウスのトレーナーを愛用しているとの情報も重要な要素だ。隠す理由がわからない（想像はつくけれど）。でも『死刑弁護人』はそのシーンを使いながら、当然のようにモザイクなど入れていない。ロゴマークは剥《む》きだし。つまりメディア（企業）の論理よりもジャーナリズムの論理を優先した。

極めつけは、強制執行妨害の疑いで安田が逮捕されたとき、事務所に対して行われた家宅捜索の映像だ。

職務中の公務員は、原則として肖像権が認められる領域が大幅に減少する。だから、家宅捜索を行っている捜査官たちの顔にモザイクを入れないという判断は、まったく正しい。抗議が来たなら言い返せばいい。我々の存在理由を侵害するなと。

でも、もしも仮に作品中にこんな場面があったとしたら、他のテレビ・ドキュメンタリーのほとんどは、迷うことなく捜査官たちの顔にモザイクを入れているはずだ。なぜなら日本のメディアの多くはジャーナリズムよりもメディアの論理を優先する。いやそもそも、他の弁護士が手持ちのカメラで撮った家宅捜索中の捜査官たちの映像を、OAで使うことはほぼないだろう。

さらにこの作品では、再審請求を間近に控えた和歌山カレー事件について、有罪の決め手の一つである女子高校生の目撃証言の危うさや、ヒ素を入れた容器として検察側が提出した紙コップの色が違っている（つまり、すり替えられた可能性がある）ことなど、極めて重要と思われる要素が提示される。他のメディアではなかなか扱えない。なぜなら悪人の味方をするのかと抗議が来るからだ。そうなるとスポンサーが嫌がる。まあそもそも、安田を被写体に決めた段階で、プロデューサーの阿武野勝彦とディレクターの斎藤潤一は、そんなレベルをとっくに超えていると考えるべきだけど。

最後に、番組に対しての視聴者からのコメントの冒頭にあった**「なんでわざわざ反社会的なものに光を当てるような番組作りをしているのか？」**に対して、阿武野と斎藤に代わって僕が答えよう。

反社会的であるからこそ、メディアは光を当てる必要があるのだ。社会的に容認された存在にしか光を当てないメディアなど必要ない。

明らかな作為

『創』2012年1月号

2011年11月11日、福島県白河市で行われたシンポジウム「水俣病から福島原発事故を考える」に、パネラーとして参加した。主催は「水俣・白河展を開く会」で、共催は「アウシュヴィッツ平和博物館」と「水俣フォーラム」だ。当日朝、シンポジウムに参加するために東京から同じ新幹線に乗ってきた鎌田慧と竹下景子、そして前日に白河入りしていた緒方正人に水俣フォーラムのメンバーたちも加えて、まずはアウシュヴィッツ平和博物館を訪問した。

ＪＲ新白河駅から車で10分ほどの田園地帯（最寄駅はＪＲ白坂駅）に位置するアウシュヴィッツ平和博物館は、遠目には大きな農家そのものだった。でも（旧家を改装した）館内に足を踏み入れれば、壁一面にホロコースト関連の写真や資料、殺戮《さつりく》されたユダヤ人たちの遺品などがびっしりと展示されていて、まるで異空間に迷い込んでしまったかのような感覚になる。

順路の最後にRescuers（救出者たち）というコーナーがあった。ナチスがヨーロッパ全土で猛威をふるっていたこの時代、自らの危険を顧みずユダヤ人を救った人たちの写真と業績などが展示されている。

そのひとつの前で、僕は足をとめた。マリア・フォン・マルツァン。ドイツ女性だ。説明によれば、マリアは多くのユダヤ人たちを大戦中に自宅にかくまい、その命を救ったという。戦後にイスラエル政府は、国家による顕彰をマリアに申し出た。ところがこの申し出をあっさりと拒絶したマリアは、その後、ベルリンのスラムに暮らすアラブ人のために奉仕活動を行ったという。そのコメントも掲示されていた。

「イスラエル軍のパレスチナ人へのむごい仕打ちに、憤りを感じているわ。イスラエル政府は私を顕彰しようとしているようだけど、そんなのどうでもいいことよ（以下略）」

マリアだけではなく、現行のイスラエル国家のプレゼンスに異議や違和感を持つ人は、決して少なくない。パレスチナ人への不当な弾圧や迫害は言うに及ばず、周辺のアラブ諸国への度重なる挑発や武力侵攻は、あまりにも理不尽だ。核兵器を保持していることはほぼ既成の事実だが、NPTに加盟しようとしないイスラエルは、「保持している」とも「保持していない」とも断言せず、IAEAからの査察も受けていない。敵対するイランやNPTから脱退した北朝鮮に対する国際社会からの風当たりの強さを考えれば、あまりにアンフェアで例外的な扱いだ。

ところがイスラエルに対して抑制を求める声は小さい。ありえないほど弱い。もちろんイスラエルを強力にサポートするアメリカの存在は大きい。でもそれだけではない。

その理由を書く前に念を押すが、600万人近くのユダヤ人が殺戮されたホロコーストは、人類が永遠に語り継がねばならない悲劇であり蛮行だ。その解釈に異議はないし、歴史修正主義を支持するつもりなど微塵《みじん》もない。実際にホロコーストはあった。多くのユダヤ人が無慈悲に殺された。

でもだからといって、ナチスの兵士や指導者たちが、すべて血に飢えた凶悪な男や女たちだったとの短絡はするべきではない。そもそもそれは事実ではないのだから。

戦後に行われたミルグラム・テストやスタンフォード監獄実験は、閉鎖的な環境に置かれた一般市民が、他の人を殺してしまうかもしれない指令や指示に、あるいは集団の空気に、あっさりと同調してしまう可能性があることを証明した。つまりナチスを絶対悪に配置しても、現象の本質は見えてこない。アウシュヴィッツ収容所所長であるルドルフ・ヘスは愛妻家で子煩悩《こぼんのう》だった。家族をドイツから呼び寄せて一緒に暮らした官舎は、多くのユダヤ人を殺害したガス室のすぐ横に建てられていた。

もちろん被虐の記憶は重要だ。殺された側のユダヤ人にとって、加害側であるナチスが悪魔的であることは当然だ。ただしそれは被害者や遺族側の視点なのだ。

600万人のユダヤ人が殺されて、残された膨大な数の被害者遺族たちが「約束の土地」に集結し、イスラエルを建国した。イエスを処刑した民として2000年以上にわたってヨーロッパのキリスト教徒から差別され迫害されてきたユダヤ人は、人類の歴史においては圧倒的な被虐の民だ。危機意識が強くて当然だ。幼児虐待などが典型だが、自らへの強い被虐の記憶は、慢性的な不安や恐怖へと転じながら、加虐の衝動へと連鎖する。自らの暴力を正当化してしまう。だからこそ第三者の存在と介入が重要なのだ。でも時として、第三者が萎縮してしまう場合がある。ユダヤ人に対してはナチスと同様に差別や迫害を続けていた欧米社会がその典型だが、被害者や遺族が聖域（タブー）になるからだ。

この構造はナチスとホロコーストだけではない。オウムと地下鉄サリン事件、北朝鮮と拉致事件、あるいはアルカイダと9・11なども、やはり被害側が聖域になった帰結として、加害側の凶悪さが強調された。特にメディアがこれほどに進化した現在において、聖域化は容易に発動する。

白河市内のホテルで行われたシンポジウムは盛況だった。８００人近く動員したという。立ち見も相当いた。メディアもいくつか来ていた。終わってからＮＨＫのニュースで放送されたそうだ。でもその夜は東京に戻る新幹線の車中にいたために見ることができなかった。後日にネットで見た。ＮＨＫニュースＷＥＢ。映像の横に掲載されていた文字情報を、以下に引用する。

東京電力福島第一原発の事故について、同じように住民に甚大な被害をもたらした水俣病に苦しんできた男性が福島県で講演し、「原発事故とは経済的な豊かさを求める社会の在り方が共通しており、本当の豊かさとは何かを考えなければならない」と訴えました。

講演したのは、熊本県芦北町の緒方正人さん（58）で、会場となった福島県西郷村のホテルにはおよそ７００人が集まりました。緒方さんは父親を水俣病で亡くし、みずからも症状に苦しんでいます。講演の中で、緒方さんは「原発事故と水俣病の背景には、経済的な豊かさを追い求める共通した社会の在り方がある」と話しました。そして、「原発事故も水俣病も、大量生産、大量消費という文明社会の在り方を問い直しており、私たち一人一人が本当の豊かさとは何かを考えなければならない」と訴えました。講演を聞いた福島県の70代の女性は「私たちも、原発によって安易に受けとってきた豊かさを見直すべきではないかと考えるようになりました」と話していました。

これがすべて。映像の尺は1分27秒。このニュース原稿がナレーションのベースだから、映像に登場するのはやはり緒方正人だけだ。僕と鎌田慧の存在が見事に消えていた。

補足しなくてはならないが、省略はメディアの機能のひとつだ。それ自体に異を唱えるつもりはない。ただ消え方が見事すぎる。司会を務めた竹下景子もいない。ならばこのニュースを見た人は誰もが、11

日に白河で緒方正人単独の講演会が行われたと思うだろう。

それは嘘ではないけれど正しくない。1分27秒もあるのなら、他にはジャーナリストと映画監督兼作家も登壇して、女優が司会を務めましたくらいは言えると思うのだけど。映像ならそれぞれ3秒ずつのインサートで充分だ。オウムの森と反原発の鎌田だから存在を消した、とまでは思わない。それでは陰謀史観だ。森はともかく反原発は、この国ではもうタブーではないはずだ。だから不思議。政治的な意図はないと思う。省略はメディアのルーティンの一つだ。僕だって常にやっている。ここでとりあげた理由は、嘘ではないが正しくもない事例の典型だからだ。

多くの人は「嘘でなければ正しい」、あるいは「正しくないなら嘘」と思いがちだが、現実はそれほど単純ではない。相反せずに共存する場合は少なくない。むしろほとんどかもしれない。真実は一つなどと思うから短絡的な正義が造形される。そして暴走する。人類はそんな過ちを何度もくりかえしている。

福島のシンポジウムの翌々日、ピョンヤンでW杯アジア三次予選があった。北朝鮮観客のマナーの悪さについて、テレビでもずいぶん報道されていた。経済制裁による渡航自粛を盾にした日本政府の頑なさが一因との説もあるけれど、でも仮にそうだとしても、ニュース映像を見るかぎりではどっちもどっちだ。とにかく大人のレベルじゃない。

試合後にマイクを向けられた北朝鮮の観客は、「将軍さまにこの勝利を捧げる」的なことをしきりに言っていた。今回に限らず日本のメディアの多くは、北朝鮮国民が金正日を呼ぶときの呼称を「将軍さま」と翻訳する。実際に彼らが「将軍さま（チャングンニム）」と呼んでいることは確かだ。ただし北朝鮮や韓国では、他者の呼称に「さま（ニム）」をつけることは当たり前の習慣だ。教師は先生さまで会社の社長は社長さま、そして将軍は将軍さまだ。日本のように身内を第三者に対しては呼び捨てにするという習慣もない。だからこれらの呼称を日本語に翻訳するとき、普通は「さま」を外す。

でも拉致問題以降の日本のメディアの多くは、金正日の呼称である「将軍さま」から、「さま」を外さないことが普通になっている（昨夜のNHKニュースは「さま」を外していたが、民放では相変わらず「将軍さま」になっていた）。

やっぱりこれも、嘘ではないけれど正確でもない。明らかな意図（作為）を感じる。ただし現場のディレクターや編集者のレベルは、おそらく「本来ならばニムを外す」という意識すら持っていないだろう。ほとんどルーティン・ワークになっている。

震災以降、「東電と政府とメディアが一体化して国民に嘘をついている」との批判をよく耳にするけれど、東電と政府はともかくとして、メディアは（基本的には）嘘はつかない。だってもしも発覚したらこれ以上ないほどのダメージを受けるし、嘘をついてまで誰かに何かを伝えようとか影響力を行使しようなどの目的意識は、メディアにはほとんどない。

そのかわり四捨五入を作為的に行う。作為的でありながらルーティン・ワークでもある。余計なことは考えずに、上からの指示や視聴率などの市場原理に従う。つまり「凡庸な悪」と形容されたアドルフ・アイヒマンだ。

洗脳やマインド・コントロールなど大仰な語彙は必要ない。人は普段着のままで買い物帰りに、取り返しのつかない残虐な間違いを犯す生きものだ。

誘導される民意

『創』2012年4月号

4人の監督の共作ではあるけれど、僕にとっては10年ぶりの映画となる『311』が、2012年3月3日から公開される。その内容については必要以上に書くべきではないと思っているが、この映画についての幾つかの記事がネットなどに掲載されたとき、これを読んだ多くの人たちの反応にいろいろ思うことがあった。まずは映画の概要説明も兼ねられるので、映画サイトであるシネマトゥデイがネット上に配信した記事を、以下に引用する。

オウム真理教の内部に密着し話題をさらった映画『A』『A2』の森達也監督ら4人が共同監督を務め、東日本大震災の爪あとを記録したドキュメンタリー映画『311』が、3月3日より劇場公開されることが決まった。（略）

東日本大震災発生から15日後の3月26日に東京を離れ、車で福島第一原子力発電所を目指すところから始まる本作は、彼らの目に映った事象が映し出されるばかりではなく、けたたましい音を立てながら一気に上昇していく放射線検知器の数値を目の当たりにし、「怖い」と本音がこぼれる場面もカットされずに残されている。

無人化した街、津波に飲み込まれた風景……。家族が行方不明の人や子供を失った母親へのインタビ

ューも試みる。語られる言葉や森らとのやりとりから行き場のない思い、被災の現実が明るみに。また、遺体の映像をカメラに収めようとする森らと遺族や関係者がぶつかり合う場面では、マスコミの姿勢や個人のモラルが問われる結果に。

本作には「誰も、観たくなかったはずのドキュメンタリー。」というキャッチコピーが付けられており、真理ともいえるリアリティーが作品全体を覆っている。

略した部分にいくつかの事実誤認はあったけれど、それを差し引いても、記事そのものは悪くない。作品の描写についても的確だ。ところがこの記事が配信されてすぐに、2ちゃんねるなどの掲示板に「遺体にカメラを向けたことの是非 賛否両論の映画『311』」なるタイトルのスレッドが立ち、あっというまに多くの書き込みで埋め尽くされた。

- クソみたいな映画を作るな
- また他人の不幸で金儲けか薄気味悪い奴等だ
- 過激な内容にして話題にしてもらおうってバカサヨの浅はかな魂胆が透けて見えるよw
- 人の不幸で飯を食う、いわゆるクズ野郎であることも紛れもない事実
- まだ一年たってないのに金儲けと売名か。
- 「自分探しの旅」で遺体撮影したのか。畜生とはこういう奴を言うんだな。

……コピペしていると止まらなくなる。別に今さらクソだのクズとかバカだのと書かれたからといって特に感情は動かないけれど、少しだけ不思議なことがある。公開前のこの時点で、試写はメディア関係者限定で招待客のみに行われている。つまりここに書き込みをしている人のほとんど（もしかしたら

すべて）は、作品をまだ観ていない。でも彼らは、気持ちがいいくらいに迷いなく断定する。記事を誤読して罵倒する。

考えれば『靖国』や『ザ・コーヴ』騒動のときも、同じような現象が起きていたような気がする。反日だのクズ監督だの北朝鮮に帰れなどと書く人たちのほとんどは、その映画を観ていないし、そもそも公開後も劇場に足を運ぶつもりはないだろう。要するにこれは批判でもないし、ましてや批評でもない。罵倒することが目的なのだ。

特に今回はシネマトゥデイの、**「遺体の映像をカメラに収めようとする森らと遺族や関係者がぶつかり合う場面では、マスコミの姿勢や個人のモラルが問われる結果に」**との記述が、彼らを刺激したようだ。でもこの記事における「問われる」主体には、撮影していた4人の監督だけではなく、映画を観る自分たちも含まれている。記事だけからそこまでを読み取れと要求することは無理かもしれないが、でもこうもあっさりとネットの記述を誤読しながら信じ込んでしまうことに、とても危ういものを感じる。

とにかく匿名は怖い。善意の衣を着た悪意が暴走する。特に今の日本社会では、誰でもいいから叩きたい、憂さを晴らしたいとの欲望がとても強くなっている。

ネットは社会構造や人々の意識を大きく変えた。功罪はいろいろある。チュニジアの暴動で始まった「アラブの春」は、ソーシャルネットワークの役割を抜きには語れない。小さな声を、より多くの人々と共有することが可能になった。ただしこの変化は、大規模なプロパガンダや民意の操作が、可能になったことと同義でもある。共通の敵も設定しやすい。情報が一人歩きするリスクが常にある。

2月20日、光市母子殺害事件の被告に対しての死刑判決が、最高裁の上告棄却によって確定した。

この結果については、多くの人が予想どおりだと思ったはずだ。だってそもそも最高裁が、「少年だったことは死刑判決を回避する決定的事情とはいえない」として、広島高裁の判決を破棄して審理を差し戻したのだ。ならばこの瞬間から、レールはほぼ敷かれている。あとはその上を走るだけだ。気骨ある裁判官なら「裁判官の職権行使の独立は憲法で保障されている」として、自分の良心にのみ従ったかもしれないが、結局はそうならなかった。

明らかにバイアスが働いていると感じた事例を一つあげる。生後11カ月の夕夏ちゃんの頭を、元少年が床に叩きつけたとの事実をめぐる認定だ。

死刑確定を伝える新聞やテレビは事件を説明する際に、この経緯を既成事実のように伝えていた。叩きつけられたことが死因であるかのような伝えかたをした民放ニュースもあった。確かに無期を宣告した1・2審では、「幼児を頭上から思いきり床に叩きつけた」などと事実認定がなされている。だからこそ、まともな人間のやることじゃないとの世相が喚起された。

でも差し戻し審の弁護団が調べたら、夕夏ちゃんの遺体鑑定書には、「頭部に損傷無し」と記述されていた。つまり「頭上から思い切り叩きつけた」は、検察が作り上げた虚偽の事実なのだ。

ところが広島高裁差し戻し審における判決文には、「被害児を後頭部から仰向けに思い切り叩きつけたとする旨の供述部分は信用できない」と検察官調書を否定しながらも、「被告人が、身を屈めたり、上記犯行再現のように床に膝をついて中腰の格好になった状態で、同児を床に叩きつけたと推認するのが合理的である」と記されている。つまり床に膝をついて中腰の格好で叩きつけたならば、勢いがないから浮腫や脳の出血がないこともありえるという理屈らしい。

根拠は元少年のかつての供述と被害児の頭部の3つの皮下出血だ。中腰で叩きつけなければいけない理由がわからない。本当なら叩きつけたとの事実はなかったとすべきだけど、その事実を消すと殺意認定に影響を及ぼすので、苦し紛れの弥縫《びほう》をしたとしか思えない。まあでも少なくとも、「床に思いきり叩きつけた」との事実認定は変わっている。ところがこれを伝えるメディアは相変わらず、「床に思いきり叩きつけて」的な言い回しを、まったく変わらずに使っている。判決文を読んでいないのだろうか。

いずれにせよ最高裁の上告棄却が決定されたことで、少年法によって実名を明かすことを許されない18歳と1カ月（犯行時）の少年が処刑されることになった。この年齢の死刑確定の前例はない。だから不測の事態がいくつか発生した。死刑判決確定を受けて朝日、読売、産経、日経の各紙は、それまでの匿名をやめて実名報道に踏み切った。理由は朝日が「国家によって生命を奪われる刑の対象者は明らかにされているべき」で、読売は「国家が人の命を奪う死刑の対象が誰なのかは重大な社会的関心事」、産経は「（死刑が確定したので）更生の機会が失われ、事件の重大性も考慮」と、それぞれの見解を紙面で公表した。これに対して毎日新聞は、「少年法の理念を尊重し匿名で報道するという原則を変更すべきでない」とし、東京新聞は再審や恩赦の可能性に触れつつ、「元少年の更生の可能性が直ちに消えるわけではない」として、匿名報道を継続した。

最高裁の4人の裁判官のうち一人が死刑判決に反対意見を述べたことも含めて、とても異例な裁判であり、例外的な判決だった。でも確定したからには判例となる。つまり前例だ。NHKニュースで佐木隆三が「少年犯罪に対するハードルが下がったとは思っていない」と述べていたが、意味がよくわからない。実際に下がったからこの判決になったのだ。この事件だけは特例という意味なのだろうか。でもそれは甘い。今のこの国の世相と刑事司法ならば、特例は必ず前例になる。実際に今現在も、少年犯罪に対しての厳罰化は加速している。この国の治安が世界でもトップクラスで良好である大きな理由は、青少年の犯罪率が諸外国に比べて圧倒的に低いからだ。でも青少年の犯罪が凶悪化しながら増加しているとの虚偽の言説が、今もメディアでは消費され、この国の司法を揺さぶり続けている。

不謹慎という同調圧力

『創』2012年9・10月号

成田を夜中に発ってスワンナプーム国際空港に着いたのは、定刻通りの午前5時20分。夜明けからまだ間もないバンコクは静かだった。僕にとっては二度目のタイだ。一度目はテレビの仕事を始めたばかりの時期だから、もう25年近く前になる。

このときは生まれて初めてのロケであると同時に、生まれて初めての海外でもあった。番組はいわゆる情報バラエティ。タレント母娘のアジア二人旅的な番組だ。つまりこの二人は、僕が生まれて初めて間近に見る（接する）タレントでもあった。ところがこのときは、娘のありえないほどの我がままぶりに、ロケクルーは最初から最後まで翻弄され続けた。

ロケ中盤、集合時間になっても現れない彼女の部屋に電話したら、「起きられないので現場までおんぶしてください」とマネージャーに言われた。冗談だろうか。だって娘といっても僕より年上だ。とっくに結婚して子供もいる。でもマネージャーは真剣だった。そして娘はベッドに横になったまま眼を閉じていた。末端のADがタレントサイドからの指示に反論などできるはずがなく、言われるままにパジャマ姿の彼女を背負って、ホテルから現場まで走ることになった。

彼女の傍若無人はスタッフに対してだけではない。訪問したバンコクの下町の家では、出されたコップ一杯の水を（タイでは普通の礼儀らしい）彼女は窓の外に捨てた。それも家族の目の前で。

確かに生水は飲まないほうがいい。でもならば、口をつけなければいいだけの話だ。何も家族の目の前で捨てることはないじゃないか。このときはさすがに怒り狂うスタッフもいたけれど、誰も面と向かって彼女に意見を言わなかった。

……あのころは仕事なのだと自分に言い聞かせながら、結果として不誠実で悪辣《あくらつ》なことをずいぶんやった。そんなことを思いだしながら、空港から迎えの車に乗り込んだ。映画祭が行われているサラヤまではほぼ1時間。メイン会場であるスリサラヤ・シアターに到着してすぐに、タイのテレビ局から取材を受ける。マイクを手にしたレポーターらしき女性からいきなり、「これから上映する映画『311』のテーマを短くまとめてください」と言われて絶句する。まとめられるのなら映画など作っていない。そう言って答えることを拒絶すれば、「テーマを言ってもらえないのなら映画を紹介できません」と食い下がられた。

「ならば、あなたが映画を観て感じたことを言ってください。僕が言うべきことじゃない」

これに対して彼女は、objectivity（客観性）という単語を何度も口にしながら、報道番組なので自分の感想はアナウンスできないと言う。日本でも同じようなことをディレクターや記者から言われることは多い。でもそもそも、この映画を取り上げようと考えた段階で、それは誰かの意図なのだ。その誰かとはあなたかもしれないしプロデューサーかもしれない。いずれにせよ誰かだ。前から決まっていたわけでもないし天から指示が降りてくるわけではない。ならば客観や中立など幻想でしかない。情報は常に誰かの視点や思いのバイアスがかかっている。言い換えれば、バイアス（視点）がなければ事実は情報になりえない。ニーチェ式に言うのなら、「事実など存在しない。ただ解釈だけが存在する」ということになる。

要約すればそんなことを、僕はカメラの前で言った。女性レポーターは困惑していた。面倒な男だと思われたのかもしれない。もし僕がディレクターならば、ありきたりの監督インタビューよりもこのやりとりのほうを喜んで使うけれど、たぶんそれは無理だろうな。

上映後は拍手がわいた。ステージに上がる。観客とのQ&Aだ。世界中の映画祭で当たり前のように行われるけれど、僕はいまだにこの催しに馴染《なじ》めない。本当ならやりたくない。これもまた当たり前の生理だと思う。第9交響曲を指揮した直後のベートーヴェンが、客席とのQ&Aに答えるだろうか。「ゲルニカ」を描き終えた直後のピカソが、「右隅に黄色を使った理由を教えてください」などと言われて説明するだろうか。喩《たと》えは極端かもしれないけれど、でも映画や活字だって同様だ。

ところが映画をめぐる現状は、監督のインタビューや舞台挨拶や観客とのQ&Aを、当然のように要求する。そして作る側も（少しでも動員に役立つならばと）これに応えてしまう。

本来なら沈黙したい。疑問には答えたくない。説明などしたくない。でもそれでは映画祭に呼んでもらえない。パブリシティが出なければ動員にも弾みがつかない。

だからQ&Aで「あのカットはどういう意味ですか」とか「この作品のテーマは何ですか」などと質問されたとき、僕は「あなたはどう思いましたか」と訊ね返すことにしている。実はこれ、昨年10月の釜山国際映画祭で、焼肉屋でマッコリを飲みながら想田和弘監督から聞いた返し技だ。

でもやっぱり、（特にこの作品は）多少のガイドラインを示さねばならない。現場で自分たちが感じた「撮ることの加害性」と「後ろめたさ」。この感情は、震災後に日本中が陥った「サバイバーズ・ギルト」（生き残ったがゆえの罪責感）と重複する。震災後に多くの日本人は、「東北に暮らす多くの人は家族や家屋や生活を破壊されたのに、自分は今も変わらない日常を送っている」ことへの後ろめたさに耐えかねて、「絆」や「日本は一つ」などのフレーズにすがろうとした。つまり「集団化」への衝動だ。

大きな災害や事故が起きた後、残された人たちはまとまりたくなる。結束したくなる。不安だからだ。これは群れることを選択した人類の本能だ。ある意味で仕方がないし当然だ。でもその弊害は大きい。なぜなら群れは時として暴走する。だからこそ後ろめたさから目を逸《そ》らしてはならない。

同時にまたこの映画は、（メインテーマではないけれど）遺体を撮影するかどうかの煩悶《はんもん》を描くことで、震災後に日本中を覆った「不謹慎」なる感覚についても違和感を表明している。例えば震災直後に石原慎太郎東京都知事は、この時期の花見は不謹慎だとして自粛するべきであると発言した（「やめたらいいんだこんなモノは」「傷みを分ち合うときなんだ」「同胞の痛みを分ち合うということで、初めて連帯感が出てくる」「戦争のときは、みんな堪えてやったんだ」「やはり自粛すべきだと思っております」）。あるいは鉢呂《はちろ》吉雄経産相（当時）は、会見での発言が不謹慎だったとして、辞任を余儀なくされた（補足するが、実際に彼が「放射能つけてやる」などと記者に言ったかどうかは極めて曖昧だ）。

遺族や被害者の立場に立って考えることは前提だ。わざわざ念を押すまでもない。ところが最近の日本は、この傾向が暴走する場合があまりに多い。その帰結として自由にものが言えなくなるのなら、一応は表現に携わるものとして、抵抗はしておきたい。

大まかにはこんなことを、質問に答える形で僕は口にした。通訳は日本の大学に留学していたというケットさん。発音やイントネーションも含めて、ほとんどネイティブな日本人と変わらないほど流暢《りゅうちょう》に日本語を駆使する彼女が、不意に沈黙した。どうしたのだろうと思いながら横に視線を送ったら、「不謹慎は訳せません」とケットさんは小声で言った。

「訳せない?」

「タイ語にはないです」

言われて気がついた。そういえば英語にも「不誠実」とか「非道徳的」とかを意味する言葉はあるけれど、「不謹慎」を意味する言葉はないような気がする。強いて探せば、「軽率な」とか「無分別な」を意味する「indiscreet」があるけれど、「不謹慎」とは微妙に違う。

Q&A終了後、ケットさんから「申し訳ありません」と頭を下げられた。

「謝ることじゃないです。タイ語にないのだから仕方がない。というか、もしかしたらこの言葉は、英語にもないかもしれない」

僕のその言葉にケットさんは、バッグから電子手帳を取り出して、「不謹慎」を入力した。ディスプレイに現れた英語は「bad behavior」。つまり「悪い振る舞い」。

「なるほど」

ディスプレイを眺めながら僕は言った。ケットさんもうなずいた。

「悪い振る舞いなら、タイ語に翻訳できます。でも『不謹慎』と『悪い振る舞い』は、やっぱり微妙に違うように思います」

要するに「みんなが右に向かって歩いているのに、どうしてあなたは左に行こうとするのだ」が、不謹慎の本質だ。つまり同調圧力。だからこそ他の言語にはない。だって左に行ったからといって、誰かに迷惑をかけたわけではない。個人の自由のはずだ。

でも日本では、その個人の自由の許容度が極めて小さい。もちろん法や明文化されたルールではない。自主規制だ。全体で動くことを強要される。あるいは自ら強要されることを求めてしまう。こうして「花見の自粛を要請」みたいな論理矛盾の状況が現出する。要請されるのならそれは自粛ではない。

もちろんエーリッヒ・フロムが『自由からの逃走』で看破したように、これは人類全般の傾向だ。だからこそあの時代のドイツは、全体主義を選択した。

人類全般の傾向ではあるけれど、特に日本人はこの傾向が強い。主語を一人称単数から、所属する組織に明け渡してしまうのだ。だから放送禁止歌のような意味不明なシステムが実体化して、原発安全神話のような虚構が何十年も存続する。「ちょっと待って」とか「やっぱりこれは変だ」などの声を、もう少し多くの人が発していたならば、こんな状況にはなっていなかったはずだ。

補足するけれど、もてなしとして提供されたコップの水を窓から捨てる行為は、不謹慎ではない。だって実際に人を傷つける。これはほぼ暴力に近い。できるだけそんな状況は回避しながらも、表現活動を続けるならば、不謹慎であることを恐れてはいけない。そんなことを考えながら帰国した。不謹慎の意味について考えただけでも、意義ある映画祭参加だった。

萎縮の現在進行形

『創』2013年1月号

駅を二つも降り過ごしてしまった。『週刊ビッグコミックスピリッツ』の12月3日号を読んでいたからだ。このとき読んでいたのは、佐々木倫子が描く「チャンネルはそのまま!」。北海道のローカルテレビ局である北海道☆テレビ（HHTV）報道部に所属する雪丸花子が主人公だ。

これまではローカル局らしく花見や商店街のお祭りなどをテーマにすることが多かったけれど、今回は殺人事件がとりあげられている。たぶんこの漫画では、初めての深刻な事態じゃないかな。

「バカ枠」として採用されたとの噂がある雪丸は、徹底的に使えない報道記者だ。ところが事件発生時、局にいたのは報道部キャップと泊まり勤務の雪丸だけだった。キャップから「被害者のガンクビ（顔写真）とれよ!」と命じられて局を飛び出した雪丸は、現場から携帯電話でキャップに、「被害者のガンクビは、本当に必要なんでしょうか……」と訴え、キャップから「いまごろそこか!」と怒鳴られる。

「他局と競争して勝つことがそんなに大事なんでしょうか? 取材しても誰も幸せになりません」

雪丸のこの訴えに、「ガンクビが絶対なんじゃない! 警察発表だけの報道に何の意味がある⁉ 警察発表だけじゃない真実にどこまで迫れるか! そのために各局独自に真実のピースを集めているんだろう⁉」と言ってからキャップは、「おまえも報道記者なら報道魂を見せてみろ‼」と怒鳴ると同時に電話を切る。ストーリーとしては最後に大きなどんでん返しがあるのだが、メディアスクラムなど様々な問題に触れながら「チャンネルはそのまま！」は、伝える側の矛盾や葛藤を提示する。

毎回感心しているのだけど、描かれる一つひとつのエピソードはとてもリアルだ。しかも表面的ではない。相当に緻密《ちみつ》な取材をしているのだろう。同誌で連載している細野不二彦の「電波の城」も、権謀術数が渦巻くテレビ局の内幕を暴露する漫画であり、やはり生半可な知識や取材では描けないレベルに達している。

本来ならばコミックではなく新聞やテレビ自らが、ガンクビとりに狂奔する自分たちの矛盾や葛藤を提示するべきだ。必要だとの論理もわかる。でもその行為は絶対に誰かを傷つける。記者なら誰もがこのジレンマに引き裂かれたはずだ。それがいつのまにかルーティンワークになっている。摩擦係数が消えている。だからどんどん加速する。

そんな事例を一つ挙げる。最近のテレビニュースは容疑者の呼称を、「男性」「女性」ではなく「男」「女」とアナウンスする。明らかに「悪いことをした人なのだから丁寧な呼称を使うべきではない」的な意図を感じる。

でも無罪推定原則の観点からは、「男性」「女性」でまったく問題はないはずだ。いや問題がないどころか、「男性」「女性」と呼ぶべきなのだ。

ニュースで「男」「女」との言葉を聞くたびに、まるで「絶対的な正義」がニュース原稿を読んでいるような気がして、とても嫌な気分になる。子供が傍にいれば耳をふさぎたくなる。今は「男」「女」などと呼び捨てにされて「ガンクビ」を晒されているけれど、まだこの人が犯人だと決まったわけではないのだよと説明したくなる。

メディアを源泉にしながら、善悪二元的な風潮がとても強くなっている。だから「悪」とのお墨付きが与えられれば容赦なく叩く。でも隙《すき》あらば叩くということは、隙あらば自分も叩かれるとの恐れを喚起する。だから叩きながらメディアは萎縮する。特に標的が同業のメディアである場合、この傾向はより強く表れる。例えばオウム問題で各メディアがTBSを一斉に叩いた96年3月直後、各メディアはオウム報道について一斉に自粛した。オウム信者のインタビューをオンエアすることは視聴者をマインドコントロールすることになるとの珍妙な説が現れたのもこの頃だ。要するに触れないことの言い訳。でも前例は無自覚に踏襲される。同年12月に起きた在ペルー日本大使公邸占拠事件の際には、広島ホームテレビの記者が廷内に潜入してゲリラ組織であるトゥパク・アマル幹部へのインタビューを敢行したけれど、ゲリラのプロパガンダになるとの理由で、この映像は封印された。その理屈なら、何も報道できなくなる。

『週刊朝日』による橋下徹特集記事問題については、他のメディアがどのように論じるかを、ずっと注視してきた。それほどに重要で複層的な問題が提起されている。ところが現状においては「報道と人権委員会」による見解を発表した朝日新聞と『週刊朝日』のウェブサイト以外には、毎日新聞と『サンデー毎日』、東京新聞と『ニューズウィーク』が少しだけ触れたくらいで、テレビを筆頭にマスメディア全般はこの問題について、明らかに忌避しているかのような印象がある。良識や理性が働いているからではない。この問題の根底には、部落差別問題と橋下徹という攻撃的な政治家の問題が重複している。だから迂闊《うかつ》に動けない。要するに萎縮だ。もしも号砲が鳴ったなら各社一斉に、『週刊朝日』と著者である佐野眞一を叩き始めるはずだ。それは目に見えている。

記事は僕も読んだ。典型的にダメな記事だと思う。それは大前提で書くが、もしも被差別地域の具体的な地名を出すことに問題があるのなら、僕の『放送禁止歌』は絶版にしなくてはならなくなる。角岡伸彦や上原善広など部落差別問題についての秀作を数多く発表している書き手たちも、もう仕事ができなくなる。地名云々ではなく、取材対象者に対してのリスペクトや共感が文章に滲んでいるかなどの文脈で判断すべきだとの指摘もネットではよく見かけるが、でもこれは実のところ、とても際どいレトリックだ。批判するならば許されないということになりかねない。いや、すでにそうなりつつある。ならばそれは逆差別だ。

いずれにせよ近年、とても表層的な抗議が増えている。例えば映画『靖国』や『ザ・コーヴ』への抗議活動に上映中止運動。あるいは最近ではニコンサロン「慰安婦」写真展中止事件なども含めて、抗議の主体であるネット右翼のほとんどは、作品を実際に観る前から抗議や中止運動を起こしている。

補足するが、言論の自由を訴えるのなら、上映や展示の中止を訴える言論も保障されねばならないと僕は考える。だから彼らの抗議活動を頭ごなしに否定するつもりはない。ただし、たしなみや一線はあるはずだ。上映や展示の中止を訴えるのなら、実際に観てからその行動を起こすべきだ。「べきだ」ではなくて、順序としてそれが当たり前だ。ところが周囲へのアピールが優先されているから、観ることが省かれている。だから低レベルになる。その意味では昨年の東海テレビのテロップ騒動や、鉢呂経産相を辞任に追い込んだ「死の町」発言、そして今回の『週刊朝日』連載中止問題についての（数少ない）論考にも、何となく同じニュアンスを感じる。

もちろん、社会的弱者がその立場ゆえに、自ら発言できない場合がある。そんなときは周囲が声を上げるべきだ。でも多くのケースはそうではない。建前なのだ。個の怒りではなくて集団の怒りであるとの見方もできる。つまり主語がない。あったとしても「我々」とか「日本人」などと複数代名詞だ。だからこそ油紙のようにぺらぺらと燃えやすい。そんな表層的な怒りでガス抜きしているからこそ、本当に怒らなくてはならないときに怒れなくなる。

なぜ都知事職を途中で放棄した石原慎太郎元都知事に、ならばあの選挙は何だったのかと東京都民は怒らないのだろう。メディアは批判しないのだろう。横田基地はどうするのか。尖閣購入で集めた14億円は何に使うのか。新銀行東京の大赤字はどう処理するのか。新たな都知事選で50億円が使われる。都民の税金だ。でも誰も怒らない。東京都民ではない僕は、ずっと首をひねり続けている。

この5月にオウムをテーマにしたNHKスペシャル「未解決事件 File．02」が放送された。既に死刑が確定した幹部信者である井上嘉浩から、番組ディレクター宛てに届いた手紙が紹介されるシーンがある。見ながら僕は唖然とした。その手紙で井上は、自身が法廷で証言したリムジン謀議を、自身で完全に否定しているのだ。紹介された手書きの文章を、以下にそのまま引用する。

「実はリムジンでは、たとえサリンで攻めても強制捜査は避けられないという点で終わったのです」

地下鉄サリン事件における麻原の共謀共同正犯を裏づける唯一の証拠は、井上が証言したリムジン謀議だ。教祖専用車であるリムジン内に集めた幹部信者たちに、麻原はサリン散布の指示を行ったとされている。麻原一審判決要旨の一部を、以下に引用する。

被告人は、首都の地下を走る密閉空間である電車内にサリンを散布するという無差別テロを実行すれば阪神大震災に匹敵する大惨事となり、間近に迫った教団に対する強制捜査もなくなるであろうと考え「それはパニックになるかもしれないなあ」と言ってその提案をいれ、村井に、総指揮を執るよう命じた。（中略）被告人が最も恐れるのは、教団の武装化が完成する前に、教団施設に対する強制捜査が行われることであり、それを阻止することが教団を存続発展させ、被告人の野望を果たす上で最重要かつ緊急の課題であったことは容易に推認される。

井上の手紙の文章とこの判決要旨を読み比べれば、誰だって裁判はやり直されねばならないと思うはずだ。だって事件の根本である動機が消えたのだから。でも「未解決事件 File．02」でこの手紙は、とてもあっさりと使われていた。この記述の重要性を理解することができなかった（としか思えない）。社会も同様だ。今に至るまで、この手紙についての反響はまったく目にしない。番組を観ながら当時の裁判官と検察官は蒼褪《あおざ》めていたはずだけど、今頃はやれやれと胸を撫で下ろしていることだろう。

これらの新しい要素を新章として追加した『A3』文庫本が発売される。読んでほしい。知ってほしい。あの裁判で隠されてしまったことは何なのか。その後に日本社会はどのように変わったのかを。

「報道」の優先順位

『創』2013年2月号

『創』編集部から申し渡された今月の原稿締め切りは17日。そして今日の日付は15日。選挙結果が判明するのは明日の未明。でも17日は朝から取材の予定がある。だから選挙結果を知ってから書いていてはタイムアップになる。書ける日は今日しかない。

でも投票前日のこのタイミングで、何を書けばいいのだろう。書きたいことはたくさんあるけれど、どうしても考えがまとまらない。

現時点で結果は見えている。自公大勝利。それはもう動かない。野田佳彦首相のフレーズではないけれど、時計の針が元に戻る。いや戻るだけではない。よりどうしようもないことになる。それはわかっている。わかっているけれど手の打ちようがない。

墜落する飛行機の座席に茫然と座っているかのような気分。あるいは泥の坂道を滑り落ちる梶井基次郎の心象風景と言ってもいいかもしれない。

> 傾斜についている路はもう一層軟かであった。しかし自分は引返そうとも、立留って考えようともしなかった。危ぶみながら下りてゆく。一と足下りかけた瞬間から、既に、自分はきっと滑って転ぶにち

がいないと思った。――途端自分は足を滑らした。片手を泥についてしまった。しかしまだ本気にはなっていなかった。起きあがろうとすると、力を入れた足がまたずるずる滑って行った。（中略）どうして引返そうとはしなかったのか。魅せられたように滑って来た自分が恐ろしかった。――破滅というもののの一つの姿を見たような気がした。なるほどこんなにして滑って来るのだと思った。

下に降り立って、草の葉で手や洋服の泥を落しながら、自分は自分がひとりでに亢奮しているのを感じた。

滑ったという今の出来事がなにか夢の中の出来事だったような気がした。変に覚えていなかった。傾斜へ出かかるまでの自分、不意に自分を引摺り込んだ危険、そして今の自分。それはなにか均衡のとれない不自然な連鎖であった。そんなことは起りはしなかったと否定するものがあれば自分も信じてしまいそうな気がした。

梶井基次郎「路上」

昨夜は月に一回行われる朝日新聞の論壇合評会があった。会が終わりかけたころ、ふと誰かが小声で、「何でこんなことになったのだろう」とつぶやいた。自民党が２０１２年4月に発表していた憲法改正草案が話題になった直後だった。

９条2項は削除されて国防軍の項に変えられ、21条表現の自由には「前項の規定にかかわらず、公益及び公の秩序を害することを目的とした活動を行い、並びにそれを目的として結社をすることは、認められない」と付記され、さらに最高法規の10章（基本的人権）はまるまる削除され、代替草案はどこにもない。13条や29条における「公共の福祉」はすべて「公益及び公共の秩序」に差し替えられ、「憲法尊重擁護義務」として「全て国民は、この憲法を尊重しなければならない」と記されている。つまり国民主権という概念さえも消えている。

一応は目にしていたはずだけど、どこかで冗談半分に捉えていた。本気になっていなかった。石原前都知事の舌禍に対して感覚が麻痺してしまっているように、立ち止まろうとはしなかった。このままでは転ぶに違いないと思いながらも、ずるずると坂道を下りてきた。尖閣購入騒動や自民総裁選など不自然な連鎖が続いているのに、どこかで高をくくっていた。

何でこんなことになったのだろう。

その思いは、論壇委員の全員が共有していたように思う。重苦しい沈黙。でも仕方がない。それは（僕も帰属する）この国の選択なのだから。

合評会の席上で興味深い話を聞いた。かつて選挙報道の際には、アンダードッグ効果という言葉がよく使われた。要するに「判官びいき」だ。Aが優勢と報道されれば劣勢なBを応援したくなるという人間心理。事前には優勢を伝えられた自民党が結果として過半数をとれなかった96年と2000年の衆院選などが典型だ。だから新聞やテレビなどで優勢などと報道されることを、党や候補者は嫌っていた。

でもここ数年は、まったく事情が変わってきた。むしろ反転している。優勢と伝えた党や候補者に、さらにより多くの票が集まるようになってきた。つまりバンドワゴン効果だ。

秘密保守が不完全で誰に投票したか分かるかもしれないとの恐れがあるとき、バンドワゴン効果は強く働く。でももちろん、日本の選挙制度にそんな恐れはない。ところが「勝ち馬に乗れ」的な意識が、集合無意識的に現れている。

つまり集団化だ。多数派に身を寄せたいとの心性が日毎に強くなっている。特に選挙前にこれを加速させた要因のひとつは、北朝鮮や中国、韓国などへの危機意識だ。

「北朝鮮が米国に届くミサイルを持ったとして、日本のイージス艦が撃ち落とせるのに落とさず、ロサンゼルス、サンフランシスコに届き、何十万人と死にました。その時は日米同盟は終わりなんでしょう」

「北朝鮮に言わせたら、あんた（藤村修官房長官）がミサイルを早く撃てと言ったから撃った、となる。官房長官を辞めさせるべきだった。民主党に領土、領海は守れない」

「尖閣周辺で中国の領海侵犯が続いていたが、今日は領空侵犯があり、航空自衛隊がスクランブル発進した。厳しく抗議している。領土、領海をしっかり守る」

引用したのは12月14日付朝日朝刊の「決戦24時」。発言者は引用順に石破茂自民党幹事長、安倍晋三自民党総裁、野田佳彦首相だ。いってみれば北朝鮮ミサイル騒動は、11月のアメリカ大統領選におけるハリケーン「サンディ」の位置づけだ。自民党は民主党を激しく攻撃した。どちらが利を得たかは明らかだ。

ならば言わなくてはならない。ミサイルと宇宙ロケットの区別は微妙だ。共通することはロケットエンジンなどの推進装置で、違いは何を搭載するかだけ。大陸間弾道ミサイルを転用したロシアの宇宙ロケット「ドニエプル」などが典型だが、最終的に軍事目的ならミサイルだし、宇宙開発が目的ならロケットだ。そして北朝鮮は一貫して、人工衛星の打ち上げだと主張している。ならばこれを否定する根拠はない。だから海外メディアの多くは、前回も今回も「ロケット」という呼称を使っている。3年前に国連安全保障理事会が出した北朝鮮非難の議長声明文には、「recent rocket launch（最近のロケット発射）」と記述されていた。ところが日本の外務省は、これを「ミサイル発射」と翻訳した。

補足するが今回の発射については、アメリカと韓国の政府筋は「ミサイル」との呼称を使い始めている。でも日本のように、メディアが判で押したようにこれに倣《なら》うという状況は生まれていない。「an Unha-3 rocket」（CNN）や「Long-Range Rocket」（ニューヨーク・タイムズ）など、呼称は様々だ（ただしニューヨーク・タイムズなどは、ハマスのロケット弾やイスラエルの中・長距離ミサイルについても rocket という表記で報道している。ロケット弾と訳すべきなのだろう）。

いずれにせよ一応は筋を通している。でも日本のメディアは判で押したように一律。本当に判で押しているのかもしれない。某局の報道部でアルバイトをしているゼミの学生がミサイルと呼ぶ根拠を局員に訊ねたら、「他局がみなミサイルと言っているのにうちだけがロケットと呼ぶわけにもいかないし……」との返事だったという。

もしも「フグ」の呼称が「モウドクフウセンギョ」だったら、今の高級料亭のメニューは相当に変わっていたはずだ。ハブの数十倍の毒を持つ「エラブウミヘビ」の呼称が「ウミハブ」とか「カマレテコロリヘビ」だとしたら、沖縄の居酒屋からイラブー汁が消えている可能性は高い。それほどに呼称は重要だ。なぜなら人の意識に強い影響を与える。

「ミサイル」によって危機意識を煽られた日本は、「PAC3」と「SM3」を組み合わせてアメリカから購入した世界で唯一の国となった。購入資金は一兆円を超えている。かつて「パトリオット」とこのシステムが呼ばれていたとき、命中精度があまりに低いとの指摘はかなりあった。ところが呼称が変わった今は、そんな指摘はほとんど消えた。

そもそも破片が落ちてくる可能性を心配するのなら、外出中に車にはねられる可能性を心配するほうがはるかに現実的だ。知り合いの軍事評論家はそう言った後に、ただし可能性はゼロではないとつぶやいた。この状況はおかしいと発言して万が一の事態が起きたとき、自分の立場が危うくなる。ネットなどでも「万が一の場合にお前は責任をとれるのか」式の非難が集中する。万が一は常にある。だから専門家も口を噤《つぐ》む。

補足するけれど、北朝鮮の本当の目的は宇宙開発ではなく、軍事用兵器への転用や周辺諸国への示威行為だと僕も思っている。その意味では「事実上のミサイル」は間違いではない。また仮に宇宙開発が目的だとしても、国民の多くが窮乏生活を余儀なくされている今の状況で、宇宙開発など100年早い。明らかに優先順位を間違えている。本当に未成熟で困った国だ。でもだからこそ、冷静に論理的に非難すべきだ。大人げない対応をするのであれば、結局はたがいにヒートするばかりだ。何よりもこれはテレビや新聞が、連日トップニュースで伝えるべきことなのだろうか。確かにニュースのひとつだ。でもこれほどに騒ぐことだろうか。やっぱり優先順位を間違えている。

杞憂。極端な心配性や取り越し苦労のこと。中国の杞に住んでいた男が、「いつか天が落ち、地が崩落してしまうのではないだろうか」と心配して、夜も眠れず食事もとれなくなるほどに衰弱してしまったという故事に由来する熟語だ。出典は『列子』。

子供の頃に杞憂の意味を知ったとき、何と昔の人は思慮が足りないのだろうとあきれた。でも今から数百年が経ったとき、こんな熟語が世界中で使われているかもしれない。

日憂。極端な心配性や取り越し苦労のこと。21世紀初頭の日本の政治家やメディアや一般国民たちが、北朝鮮が打ち上げるロケット実験の際に上空から破片が落ちてくるのではないかと心配して、「破壊措置命令」を発令しながら取り返しのつかない選挙に突入して自民党を大勝させてしまったとの故事に由来する熟語。

アナウンス効果の加害性

『創』2013年3月号

事情があって、マイケル・ムーアの『ボウリング・フォー・コロンバイン』を再見した。公開時には日本国内だけでも39万人という動員を記録したこの映画については、ムーアの『華氏911』も含めて、僕は大きな評価をしていない。拙著『ドキュメンタリーは嘘をつく』においても、ムーアの代表作であるこの二つの作品については、かなり辛らつな評価をしている。

その気持ちは今も変わらない。ただしアメリカ中が愛国ムードで盛り上がっていたあの時期に、ブッシュ政権に対して果敢にNOを突き付けたマイケル・ムーアの姿勢は評価する。いや支持と言い換えてもいい。でも作品としては支持しない。『ボウリング・フォー・コロンバイン』ではNRA（全米ライフル協会）会長だったチャールトン・ヘストンを、そして『華氏911』では前アメリカ大統領のブッシュを悪のシンボルに配置して、当時のアメリカの世相を支配していた二元論的雰囲気を転換させただけだと思っている。

ただし、一般的なムーアへの批判である「現実を作為的に切り取っている」とか「都合良く論理を構成している」などの論点に同調するつもりはない。作品は自己の表出であり、「作為的に切り取る」ことは当たり前だ。ムーアの場合は確かに少し過剰ではあるけれど、これは（僕も含めて）すべての作品に言えることだ。本質的な批判にはならない。作為的ではない編集などありえない。

でもムーアの作品は、切り取ることに対しての負い目が薄い。煩悶や葛藤があまりになさすぎる。要するに自信たっぷりなのだ。子供の頃からそういう人は苦手だった。つまり学級委員タイプ。だからムーアに対する僕のコメントは、正しくは批評ではない。好き嫌いだ。

アメリカの銃社会を糾弾する『ボウリング・フォー・コロンバイン』についても、その構造は（『華氏９１１』ほどではないが）透けて見える。画面に映りこむムーアは常に正しい。そして彼と敵対する人や組織は正しくない。その意味でムーアのドキュメンタリーは、作品ではなくスローガンなのだ。チャールトン・ヘストン邸の門にムーアが銃乱射事件の被害者の写真を置くラストシーンは、まさしくその象徴だ。でも（もう一度書くけれど）彼の主張そのものには強く賛同する。アメリカがなぜ銃を手放せないかについてムーアは、黒人や先住民族を加虐してきた建国の歴史があるからこそ、アメリカの白人たち（ＷＡＳＰ）は報復されるとの恐怖から逃れられないのだと主張する。つまり銃を手もとに置く人は勇敢なのではない。臆病なのだ。

だからこそアメリカは、世界の警察を自称しながら他国に戦争をしかけ続ける。自分たちは常に正しい。自分たちに危害を加える可能性がある国や組織は絶対的な悪なのだ。

この論理を展開する過程でムーアは、近年のアメリカの治安はとても向上しているのにメディアが事件報道ばかりを強調して伝えるので、国民の危機意識は上昇して銃を手放せなくなっているとも訴えている。

まさしくオウム以降のこの国の状況と相似形だ。1999年に起きたコロンバイン高校銃乱射事件をモチーフとしたこの映画がアメリカで公開されたのは2002年。『A2』公開と同じ年なのかと今さらながら気づく。危機意識の日米同盟。そういえばこの二つの国は、先進国では例外的な死刑存置国だ。イギリスと並んで厳罰化の最先端を走る国でもある。

幸い日本はアメリカのように銃の所持は許されていないし、保持する軍の意味もまったく違う。つまりこれまでは足かせがあった。でも大勝した自民党によって、これから大きく変わる。アルジェリア南東部イナメナスで起きた人質事件を契機に安倍政権は、国家安全保障会議(日本版NSC)の早急な設置と、海外での武器使用基準を緩和するために自衛隊法を改正しなければならないと訴えている。

拉致問題のときと同様に、いわば被害者や遺族を人質に置いた戦略だ。今のこの国の世相では反対しづらい。おそらくは今後、この方向に進むことになるのだろう。

オウム以降、被害者や遺族の聖域化が急激に進行した。……僕のこの言説に対しては、多くの批判があることは承知している。批判しやすいのだろう。被害者や遺族を踏みにじる鬼畜だと言えばよい。

当たり前だけど踏みにじるつもりはない。被害者遺族の権利はオウム以降相当に拡充された。それは絶対に間違っていない。身内が被害者となった裁判の傍聴すらできないなど、どう考えてもありえない。彼らの思いや辛い状況を多くの人が知った。知ったうえで是正した。それは正しい。でも被害者や遺族の苦しみや悲しみを理由にして、多くの制度や法がなし崩し的に変わるならば、それに対しては異を唱える。これまでも。そしてこれからも。

だってそれは正しくない。影響は様々なところに飛び火する。憲法改正。安全保障。刑事司法の厳罰化。そしてまさしく現時点において、メディアにおけるトップイシューになっている大阪市立桜宮高校バスケットボール部主将の体罰自殺問題もその一つだ。

年明け早々に、昨年のいじめ自殺に続いてメディアは再び過熱した。体罰は是か非か式の論議に分け入るつもりはない。この誌面で書きたいことは、アナウンス効果についてだ。

2012年に大きく報道された大津市中2いじめ自殺事件（事件そのものは2011年に起きていた）も、今回の騒動以上の社会問題となった。自殺した少年をいじめていたとされる少年3人とその家族の名前や顔写真はネットで晒され、学校や教育委員会や家族の職場には嫌がらせの電話やメールが殺到し、教育長は襲撃され、滋賀県警は少年3人を書類送検して児童相談所に送致した。

こうした報道に接しながら、今もいじめられている子供たちは、どんなことを思うのだろうと想像してほしい。かつて僕も（転校が相次いだので）いじめられた時期があった。その心理は何となくわかる。親には絶対に相談できない。心配させたくないのだ。学校は助けてくれない。友人たちも見て見ないふり。まさしく生き地獄だ。でも起死回生の策があった。もしも自殺すれば、自分をいじめていた憎いあいつらを、逆に地獄に突き落とすことができる。自分は手を下さなくてもよい。事件を知ったメディアとネットに書き込む第三者が、自分に代わって報復してくれる。

つまり自殺が報復になる。

大人ならここまで短絡的に物事を考えない。いくら報復になるとしても、自分もすべてを失うのだ。あまりに釣り合わない。でも子供は、現在進行形の要素が大人より強い。後先をあまり考えない。ましていじめや体罰で追い詰められている。視野狭窄《きょうさく》になって当然だ。

　こうしていじめ自殺が連鎖する。ただし自殺の連鎖は今に始まったことではない。アイドルやカリスマ的なシンガーが自殺したとき、後追い自殺は昔からあった。つまり「ウェルテル現象」だ。だからこそメディアは、伝えることの意味を煩悶《はんもん》し続けてきたはずだ。抑制的であったはずだ。

　ところがいじめ自殺の場合には、通常の自殺には存在しない（憎むべき）加害者探しができる。こうして抑制が外れる。さらにいじめの渦中にある子供世代にとって、テレビのニュースや新聞は決して身近な存在ではない。でもネットは違う。小学生でもｉＰｈｏｎｅやスマートフォンでニュースを見ることができる。掲示板や動画投稿サイトを毎日のようにチェックしている子供も少なくない。そこに後追いだけではなく、報復の要素が加わった。大津のいじめ自殺事件が示したように、ネットが報復の場になっている。

　いじめ自殺や体罰自殺も含めてネットに書き込む人の多くは、まずマスメディアによって事件や経過を知る。ならばマスメディアはどうすべきなのか。報道を控えるべきなのか。

　もちろんそれは完璧な解ではない。捜査機関や報道機関だけが情報を占有し、国民は知る機会を奪われることになる。子供の自殺だけを例外にするとしても、例外は必ず前例となる。情報は公開されねばならない。報道機関が独自の判断でこれを決めることはあってはならない。

　ジレンマだ。引き裂かれる。でもそれはジャーナリズムの宿命だ。いじめや体罰自殺問題だけではない。コピーキャット（模倣犯）の問題は常にある。あるいは２０１３年元日に各メディアや警察に挑発的なメールを送付した遠隔操作ウイルス事件も含めて多くの劇場型犯罪も、メディアが社会に影響を与えることが前提になっているという意味では、アナウンス効果の類型のひとつと考えることはできる。

このアナウンス効果が最も大規模に働いたのは、1923年に勃発した関東大震災における朝鮮人虐殺だ。

この時期に電話は一般家庭に普及していない。ラジオ放送の実用化は震災後だ。マスメディアとして位置づけられる存在は新聞だけだ。ところが東京にあった新聞社は、地震と大火によって壊滅的な被害を受けていた。記者が記事を本社に送信する術もない。こうして伝聞情報が紙面を覆い、「東京全域が壊滅」「政府首脳の全滅」などの見出しとともに、朝鮮人が「暴徒化した」「井戸に毒を投げ入れている」などの記事が掲載された。

この時代の日本人の多くは、植民地化した朝鮮から来た彼らは、自分たちを憎悪しているとの意識があった。だからこそ「やられる前にやれ」的な意識が立ち上がる。大義は自衛だ。銃が手もとにあるならば撃ちたくなる。

こうして「暴徒と化した朝鮮人」を恐れる日本人によって、凄惨な虐殺が始まった。もちろんアナウンス効果を理由に免罪などできない。でも人は集団になったとき、こうして残虐な暴徒へと相転移する瞬間が確かにある。ネット時代の今だからこそ、それは胸に強く刻んだほうがいい。

報道には加害性が常に付きまとう。これをゼロにすることはできない。ならばメディアとしては、その副作用を自覚するしかない。その摩擦のありかたが、ジャーナリズムの最後の砦だと思う。

でも書かねばならない

『創』2013年7月号

「テロ」の定義は、「直接的な暴力行為を働きながら、その脅威によって特定の政治目的を達成しようとする行為」だ。暴力行為や破壊行為だけではテロの条件を満たさない。

だから秋葉原の無差別殺傷事件や付属池田小事件などを、テロと呼ぶ人はいない。

ところがボストンの爆破事件が起きたとき、犯行声明もなければ犯人も特定できていない状況で（つまり動機が不明なまま）、新聞やテレビなど日本のマスメディアは、「テロ」という言葉を当たり前のように使っていた。つまり「テロ」がインフレーションを起こしている。

ワシントン・ポストやニューヨーク・タイムズなどアメリカの主要紙の見出しについては、少なくとも日本の新聞よりは抑制的だとの印象を受けた。injure や kill や bomb などの言葉は散見するけれど、terrorism というワードは見つからない。犯行翌日にオバマ大統領はテロの可能性も含めて調査を進めているとスピーチしたけれど、テロと断定はしていない。ただし最も影響力のあるCNNなどのテレビについては、日本のメディアと同じように事件直後から、「テロ」という言葉を使っていた。

いずれにせよ、取り調べはこれから始まる。どれほどに政治的な背景があったのか、実際のところはまだわからない。でも一つだけ確かなこと。もしもこれがテロならば、社会の不安と恐怖が高まったという意味において、その目的は半ば達成されている。不安と恐怖を必要以上に煽るメディアによって。テロのインフレーション。この傾向は、日本では1995年に発生した地下鉄サリン事件以降、そしてアメリカでは2001年の同時多発テロ以降、急激に加速した。二つの事件に共通することは、不特定多数が標的にされたことにより、自分や自分の家族もその場にいたら殺害されていたかもしれないとの被害者意識が、国民レベルで一気に共有されたことだ。

不安と恐怖を抱いた個は一人が怖くなる。多くの人と連帯したくなる。こうして社会は集団化を進め、自分たちを指揮する強いリーダーを求め、連帯を高めるために共同体内部の異物を探してこれを排除し、さらに共同体外部に共通の敵を探そうとする。もしも適当な敵が見つからなければ、無理やりにでも作り上げる。

9・11以降に集団化を進めたアメリカは、ブッシュ政権を強く支持しながら、アフガンとイラク侵攻という大きな過ちを犯す。ちなみにこの時期、拉致問題をきっかけに北朝鮮を仮想敵として設定し始めていた日本の小泉政権は、ブッシュ政権が宣言した「テロとの闘い」に強い支持を表明した。

確かに9・11はテロだ。アルカイダは犯行後に声明を発表している。でも地下鉄サリン事件については、誰もが当たり前のようにテロというけれど、テロかどうかはまだわからない。なぜならば地下鉄にサリンを撒《ま》いて不特定多数の人を殺傷しようと企てたその理由が、まだ解明されていないからだ。

本来なら裁判で明らかにされるべきだった。でも実行犯たちにサリン散布を指示したとされる麻原彰晃の裁判は、動機という最も重要な要素を解明できないままに終わっている。

2004年2月27日の一審判決公判。僕は傍聴席にいた。初めて間近で見た麻原は被告席で、時おり呻《うめ》き声を洩らしながら、延々と同じ動作を反復し続けていた。周囲からの刺激に対しての反応はまったくない。どう見ても普通ではない。でも誰も「被告の様子が異常だ」とは指摘しない。この日の死刑判決をトップニュースで伝えたメディアは、被告のこの異様な挙動を、「現実逃避」や「反省の色なし」などの語彙《ごい》に翻訳して報道した。

こうして戦後最大規模と称されたオウム真理教事件の首謀者の裁判は、ほとんど何も解明されないまま一審だけで打ち切られた。二審も三審も行われなかった。早く処刑せよとの国民の声を背景に。だからいまだに、彼らがサリンを散布した理由がわからない。動機がわからないのなら安心できるはずがない。だからこそメディアは今も「オウムの闇」という常套句を使い続け、日本社会は喚起された不安と恐怖を払拭できないまま、現在進行形で劇的に変わり続けている。その変化について欧米やアジアのメディアは右傾化・保守化という表現をよく使うけれど、それは正確ではない。正しくは集団化だ。

オウムによって始まった集団化は、東日本大震災によってさらに加速している。同質性を求め、異物を排除し、敵を見つけて攻撃したくなる。集団のそんな行動様式が、疑似右傾的な振る舞いとなっている。

最近はメディア関係者から「Xデー」という言葉を聞くことが多い。つまり麻原の死刑執行だ。本来なら精神に異常をきたした確定死刑囚を処刑などできない。でも精神に異常をきたした人を被告席に座らせ続けた日本の司法なら、それくらいはやっておかしくない。そのときに日本国民は拍手喝采するのだろうか。丸腰のビンラディンを特殊部隊で一方的に殺害した政府の判断を、アメリカ国民が熱狂的に支持したときのように。

だから提言する。麻原の裁判をやり直すべきだ。つまり再審。コミュニケーションができない状況であるならば治療する。そのうえで動機を本人にしゃべらせる。

難しいことは承知している。もしも治療できたとしても、彼がすべてを語るとは思えない。でも法治国家であるならば（と信じている）、「難しい」とか「思えない」などの理由で正当な手続きを放棄すべきではない。国民の多くが一日も早い処刑を望んでいるからといって、これに迎合すべきではない。

決して麻原のためではない。動機の解明は事件を体験した世代の責務であり、何よりも不安と恐怖を燃料にしながら集団化を加速しつつある日本社会にとって、絶対に大きな利益になるのだから。

……読みながら気づいた人もいるかもしれないけれど、ここまでの記述は、5月7日に創刊したハフィントン・ポスト日本版に寄稿したブログ原稿を、（部分的に修正はしながらも）そのまま引用した。

アメリカで2005年に発足したハフィントン・ポストは、従来型メディアの記事に政治家や識者や市民ブロガーなどが書くコラム記事を加え、さらに読者が意見や感想を書き込める「ソーシャルニュース」という新しい領域を開拓したインターネット新聞だ。僕は一応、（関係者を別にすれば）ブログに掲載される第一号ということになった。

ここに書いた記事の趣旨は、『創』の（そしてこの連載に目を通してくれている）読者なら、もう何度も目にしてきた論考だ。そもそもは『A3』のテーマに近接するし、刊行後もいろいろな場で言ったり書いたりしている。

それはわかっている。書いている僕自身が、同じことを言ったり書いたりすることに、もう充分に辟易している。実はほぼ同じ趣旨の文章を、1月の朝日新聞の論壇時評「あすを探る」でも書いている。でもほとんど反応はない。賛同が来ないだけではない。反論すら来ない。ほぼ黙殺なのだ。つまり麻原やその裁判について大多数の人たちは、もうほとんど関心を失っている。

でも書かねばならない。言わねばならない。多くの人が関心を持たないからといって、ここで沈黙はできない。その思いで書いた。

前述したようにハフィントン・ポストでは、読者からのレスポンスの書き込みも、コメントとして掲載される。だから朝日新聞に書いたときよりは、多少は世間の反応を知ることができた。以下に少しだけ引用する。

・森達也さんが精神科医だったとは知りませんでした。それも、傍聴席から眺めるだけで診察できるほどの神の目を持っているとは驚きです。

・「テロ」は用法を守ってお使いくださいという記事ですか？それとも「だから提言する。麻原の裁判をやり直すべきだ。」が主張ですか？

・この犯罪の動機？自分の教えや予言を信者に信じ込ませるために宗教が良くやる手口。この犯罪をなにやら小難しく捉え、まるで学術対象のような事を言ってるけど宗教の歴史をみれば良くあること。小難しくするのは森達也さんの飯のタネだからかな？∧「大きな利益」

・メディアの上げ足をとって原稿料もらえるなら楽な商売ですね。

……厳しいなあ。まあでも、このあたりは想定内だ。「死ね」とか「北朝鮮に帰れ」とか「頭の中はお花畑だ」的なフレーズが蔓延するネットの掲示板に比べれば、はるかに抑制されている。それに反応があるだけでもありがたい。中にはこういうのもあった。

守破離。森達也さんの最近の言動にはこの言葉が頭をよぎり、苦々しい想いをする。森達也さんは『A』『A2』の上映以降、自分がつくりあげた型から逃げ出せずにもがいているように思える。本投稿然り。彼の過去のドキュメンタリーは最高だった。ドキュメンタリーとは現実をある視点で切りとるものであり、例えそこに主観が入ろうが、やはりそこにはハングリーで反権威なものが、溢れ出すものにこそ、人は魅了されるのではないだろうか。

現在、映画監督・作家と名乗っている以上、そろそろ自分の型を破り、自ら逃げ出す苦しさを見せないで欲しい。本記事は過去の作品から森達也さんのファンであればあるほど、非常にがっかりで残念な内容だ。期待しているのはこのような視座ではない。

期待されていない。求められていない。そして僕自身も辟易している。でも書かねばならない。特に今回は。

その理由は、ハフィントン・ポストの世界への発信力に期待したからだ。もうこの社会に対しては僕も期待しない。だから最後に、『創』の読者の感想も聞いてみたい。そう考えてコピペした。でもやはり黙殺されるのだろうか。

なぜ戦争を煽るのか

『創』2013年8月号

思い出してほしいのだけど、つい1カ月前までは北朝鮮のミサイル発射騒動で、メディアは開戦前夜のような大騒ぎだった。

もちろんメディアだけではない。政府は破壊措置命令を発令し、これを受けて防衛省は、日本海に迎撃ミサイル「ＳＭ３」を搭載したイージス艦2隻を派遣し、さらに市ヶ谷の防衛省敷地内や首都圏の各自衛隊基地に地対空誘導弾「ＰＡＣ３」を配備した。

なるほどこうして現代の戦争は始まるのかと思いながらも、アメリカから1兆円を超える金額で購入したこのミサイル防衛システムの精度が気にかかる。だって「ＰＡＣ３」の前身であるパトリオットは、湾岸戦争時に命中率が絶望的に低いと報道されていたはずなのに。

軍事アナリストのかのよしのりが、『サピオ』7月号に掲載された論考「当たらない、届かない、数が足りないミサイル防衛は隙間だらけ」で、そもそもＳＭ３の命中率は相当に低いうえに、一度に発射できる数にも限界があり（現状は32発）、もしも北朝鮮がこれより多い数の弾道ミサイルを発射すれば撃ち洩らす可能性はとても高いという視点を提示している。また、次に控えるＰＡＣ３には、射程が短すぎる（15～20㎞）という大きな欠陥があり、現在の配置では東京すら守りきれないという。こうした状況分析を提示しながら、かのは以下のように論述する。

もちろん、現状で北朝鮮のミサイル技術レベルは米ロ、中国などと比べればかなり低い。しかし、命中精度はさして問題にならないだろう。首都圏に向けて数十発発射すればどこかに落ちるのだ。それだけで日本は大混乱に陥る。

多くの人は弾道ミサイルが落下すれば東京は火の海になるとのイメージを持っているかもしれないが、北朝鮮のミサイルにそれほどの破壊力はない。５００kgの通常爆弾の直撃で想定される被害規模は、小さなビルが半崩壊するくらいだ（そうでなければイスラエルの人口は半分になっている）。ただしもちろん、核兵器が搭載されていたら話は別だ。

ちょうどこの頃に駅の売店で、中国がついに日本に宣戦布告をしたという内容の見出しをつけた夕刊フジを見つけて、思わず足を停めかけたことがある。でも買って確かめるまでもなく羊頭狗肉の見出しだろうと考えて、このときはこのまま通り過ぎた（結果としてはもちろんそうだった）。

最終的に北朝鮮はミサイルを発射しなかった。でもこれについての報道は呆れるくらいに少ない。これほどに戦意を煽った自分たちへの検証など、一部のメディアを除いてほとんどない。その一部のメディアである『週刊金曜日』5月24日号で石丸次郎が、「世界が踊らされた戦争騒ぎは金政権の軍事大国イメージ戦略に過ぎず、『電池切れ』で終息」と題された記事を寄稿している。

軍事の素人であるが、北朝鮮軍が弱いことぐらいはわかる。軍用車両や航空機を動かす石油がまったく足りない。後方の軍用トラックのかなりの割合は木炭車である。地方の軍施設の大半は停電が常態化し、兵士の三割は栄養失調、士気は低い。（中略）あたかも北朝鮮が大変な軍事強国で、すぐにでも本気で戦争を始めようとしているかのように世界のメディアに報じさせたのは、北朝鮮のイメージ戦略の勝利だといえる。

北朝鮮の国内向けプロパガンダを日本と韓国のメディアがわざわざ世界に向けて再発信しているとは、かねがね石丸が主張するところだが、世界に向けて再発信した危ないぞ攻めてくるぞ的な情報は、結果として自家中毒のように自身をも侵す。危険への見積もり値がどんどん上昇する。だから憲法を改正して日本も核武装すべきだとの主張が加速する。

同じく『週刊金曜日』6月14日号でアメリカの歴史学者であるハーバート・ビックスが、「安倍と自民党は日本に戦争をもたらす」とのタイトルで寄稿している。

サブタイトルの「『対米従属ナショナリスト』の無知と時代錯誤」が示すように、いかにもビックスらしい激しい（バランスを意識しない）論調ではあるが、現状のアメリカが安倍政権に抱く危機感を例示しつつ、2月の安倍の訪米時にオバマがいかにつれない態度に終始したかを挙げながら、アメリカの対日政策が大きな曲り角に来ているのに、日本は相変わらず対米従属一辺倒だと警鐘を鳴らす。

だが、朝鮮半島情勢をめぐる当事国の誰一人として、北朝鮮が口では脅しても戦争を起こすなどという可能性を信じてはいない。それでも国内の政治事情から、日本にもっと米国製のミサイル防衛網を配置し、日米両国がもっと兵器への予算を増額して、より力づくで臨む姿勢を促すような対応が生まれているのである。

そのため、日本の国民にとっての真の危機が存在する。

こう書きながらビックスは、日本にとっての真の危機は、北朝鮮のミサイルでもなければ中国の覇権主義でもなく、アメリカとの軍事同盟的な関係をより深化させながら改憲によって臨戦態勢状態を作り上げることだと断言する。

左と右に位置づけられるオピニオン誌に掲載された三者の論考を併せ読むと、北朝鮮の危機を針小棒大に煽る日本のメディア、これをプロパガンダとして利用する北朝鮮、そしてこの騒ぎに乗じてミサイル防衛システムを売りつけるアメリカなど、いろいろ背景が繋がってくる。いずれにせよ、その行きつく先は明らかだ。

今回はどうしても書いておきたいことがもう一つある。4月28日に政府主催で行われた「主権回復・国際社会復帰を記念する式典」についてだ。

天皇皇后ご夫妻両陛下と衆参両院議長、最高裁長官、閣僚を含む国会議員、都道府県知事ら約390人が参加した式典が終了して天皇皇后両陛下が退席するために立ち上がった瞬間、「天皇陛下万歳！」の声があがったという。

最初にこれを聞いたとき、「まさかいくらなんでも」と思ったけれど、実際に万歳三唱は行われている。これについて翌日の主要紙を読み比べてみると、朝日は記事であっさりとは触れているが、問題を提起するとのニュアンスは（この時点では）薄い。産経は万歳の写真のみ大きく一面に掲載していて、本文にその記述はない。読売は万歳についてはまったく触れていない。東京と毎日は、それぞれ「首相ら『天皇陛下万歳』…戸惑いも」、「突然の『万歳』に苦慮」の見出しで、かなり批判的に報じている。（ただし毎日の記事には、「天皇陛下万歳」との記述がない）ちなみにテレビでは、翌日のＴＢＳやテレビ朝日のワイドショーが伝えている。

ならばこの式典に対して異論が多かった沖縄では、特に万歳三唱についてどのように報道したのだろう。式典翌日の沖縄タイムスは、「４・28政府式典 突然の『天皇陛下万歳』三権の長がそろって両手を上げ、声を合わせた」との見出しで、

壇上の安倍晋三首相ら三権の長がそろって両手を上げ、声を合わせた。「天皇陛下万歳」。28日に開かれた「主権回復の日」の政府式典。天皇皇后両陛下が式典終了後に退場する際、出席者から突然声が上がり、出席した国会議員や政府関係者約３９０人の一部も同調。天皇陛下は壇上で一瞬立ち止まった。式典に対して憲法改正への足がかりとする疑念の声が上がる中、政府が式典で強調した「未来志向」ではなく、戦前の光景に重なるような場面もあった。（以下略）

と記されている。まあ当然といえば当然の論調だ。でも今回、僕がもっと驚いたのは、内閣広報室と

内閣府大臣官房政府広報室が配信する政府インターネットテレビだ。

式典の様子を最初から最後まで伝えるこの映像では、万歳三唱の最初の唱和（つまり「天皇陛下万歳！」）の音声だけが、ぷっつりと消されている。残されているのは二回目と三回目の万歳だけだ。

これにはあきれた。右も左も怒るべきだ。J-CASTニュースからの「なぜ天皇陛下の音声を削除したのか」との質問に対して、内閣府は「参加者が立ち上がったため会場がざわついたので、一時壇上のマイクを切っていただけ」と回答したという。まったくもって意味不明で説得力はない。アメリカや諸外国からいろいろ苦言が来ているこのタイミングで、さすがに天皇陛下万歳はまずいと考えた。要はそういうことだろう。

でももっとあきれるのはマスメディア。政府インターネットテレビが「天皇陛下」を削除していることについては、（僕の知る範囲では）まったくどこも触れていない。

恐れ多いことは承知で、天皇の心中を想う。（おそらくは）無理矢理に式典に担ぎ出されたのに、なぜか発言は一言もなく（あるいは封じられ）、最後にはいきなり「天皇陛下万歳！」と耳もとで叫ばれながら、政府は公開した動画から「天皇陛下」だけを削除した。そしてそれが何の問題にもならない。僕ならこう言いたくなる。そしてこれは、きっと的外れではないはずだ。

頼むから私を利用するのもいい加減にしてくれ。

「カメラを回す前」について

『創』2013年9・10月号

例年のことだけどこの時期は、日本民間放送連盟賞の審査員で忙しい。今年は中部・北陸地区審査会と北海道・東北地区審査会の依頼が来た。ただし中部・北陸地区はテレビ報道部門で、北海道・東北地区はテレビエンターテインメント部門だ。

これまでにも報道や教養部門は何度も経験している。でもエンターテインメント部門の依頼は初めてだ。不安になって幹事社の北海道放送に連絡した。もしかしたら別の部門の審査員と取り違えて依頼しているのではないかと懸念したのだ。でも返答は、間違いではありません。敢えて森さんにお願いしようとの声が大きかったのです、とのことだった。ならば了解。そもそもテレビ時代、報道やドキュメンタリーだけをやっていたわけではない。クイズ番組や情報系バラエティや子供向け番組もさんざんやった。実のところ心得はある。

了解はしたけれど、近年のバラエティ番組には、本当に辟易《へきえき》している。そもそも滅多に見ない。たまに（何かの理由で）チャンネルを合わせても、まず最後までは見ない。なぜならあまりにうるさすぎる。音が大きいのではない。音量を下げてもうるさい。つまり生理的なうるささだ。

スタジオ収録のバラエティ番組においては、（おそらくは観客席にいる女性たちだと思うけれど）V

ＴＲの進行やナレーションに対して、いちいち「えー！」とか「あー！」とか声をあげる。あれは何とかならないのか。

「雨の日にこの傘を差せば、何と雨に濡れないのです！」

「えー！」

……バカかと思う。書きながら気づいたけれど、文字で再現しようと思うと、どうしても「！」が多くなる。小さなスーパーの特売日のチラシのようだ。最近はこのうるささに、スタジオにいる（あるいはロケ現場に来ている）スタッフたちの笑い声が重なっている。大学の学園祭の舞台裏を覗いているような気分になる。とても耳障りだ。

もちろん、そんなバラエティ番組だからといって、実際にスタッフたちがへらへらと軽い調子で制作しているなどとは思っていない。特にバラエティ系の番組の場合、スタッフたちの労働環境は本当に厳しい。連日の徹夜は当たり前。わがままなタレントには振り回される。口より先に手が出るディレクターも少なくない。下請けの子会社やそのまた子会社レベルのＡＤなど、ほとんど人間扱いはされていない。それは昔から変わらないはずだ。だからこそ悔しい。「本当に今のバラエティ番組はどうしようもない」とか「バカが制作しているとしか思えない」などと言われると腹が立つ。自分は言うけれど人には言われたくない。要するに身内意識なのだろう。

中部・北陸地区の審査は、２週間ほど前に終わっている。審査会場である福井県民ホールに到着して驚いた。たくさんの番組制作者たちが集結している。審査員たちが審査しているあいだ、各局が応募したテレビ作品の上映を別会場で行うとのこと。審査会が終わり、夜はホテルの宴会場で懇親パーティだ。

総勢で300人以上はいたと思う。ここで審査員も交えて多くの制作者たちが、地方局の現状を語り合い、観たばかりの互いの番組を批評し合い、情報を交換する。

特に3・11以降、テレビを筆頭とするマスメディアに対しての風当たりはとても厳しい。もちろん、スタッフの笑い声を当たり前のようにインサートしたり車のナンバープレートに条件反射でモザイクをつけるなど、何も考えていない制作者も確かにいる。でも一部だ。多くの制作者たちは、歯を食いしばりながら必死に模索している。考えている。特に将来の展望が見えづらい地方局においては、自分は何のためにこの仕事を始めたのだろうと考える機会が多いはずだ。表現とは何か。報道とは何か。そんな意識を持った制作者たちが一堂に会し、徹底して語り合う。とても有意義な催しだ。賞などはおまけだ。

特に幹事局である福井放送と福井テレビジョンのスタッフには、この誌面を借りてお礼を書きたい。ありがとう。僕もとても刺激を受けました。最近は鬱になることばかりが多いけれど、もう少し頑張ってみようとの気分になれました。

審査の結果については、まだ書くことはできない。でもこの日に上映された応募作品のうち一つだけ、「カメラを回す前 ～検証 メ～テレの中国報道～」（名古屋テレビ放送）について、少しだけ言及しておきたい。

1972年、メ～テレの取材班は中国に渡る。単独のテレビ局としては世界で初めて、文革後の中国に取材に入るという快挙を成し遂げた。このときは人民解放軍の訓練に密着するなど数多くのスクープ映像を撮影したが、ここまで中国に近づくためには、当然ながら相応の対価を払わねばならない。

もちろん金銭ではない。取材班のリーダーでニュースデスクでもある荒井洋は、多くの在日華僑に接触し、中国政府の関心を引き出すための助言を求め、それを実践した。中国政府のキーパーソンに会い、日中の友好ムードを伝える記録映画を制作して香港で上映し、中国の革命バレエ映画をゴールデンタイムに2時間以上ノーカットでオンエアするなど、あらゆる手練《てれん》手管《てくだ》を使い、単独取材を実現した。

この経緯についてメ~テレは、6年前にも検証番組を制作している。荒井も含めて現在はほとんど退職しているスタッフたちにインタビューも行っている。でも今回、また新たに検証番組を制作した理由は、6年前の検証番組放送後に、隠されていた新たな事実が判明したからだ。

中国政府の取材許可を得る過程で、昭和天皇の映像を集めてほしいとの中国政府の依頼にこたえ、行幸や公式行事など一般に公開されていた天皇の映像をフィルムで約10巻、荒井はひそかに中国政府に提供していたのだ。つまり映像の目的外使用だ。新たな検証番組で村瀬史憲ディレクターは、荒井やスタッフたちを再度訪ね、天皇の映像を中国政府に提供した理由を問い詰める。しかし明確な答えはない。荒井は取材を可能にするためだと言い続ける。

とてもスリリングな問題作だ。そして何よりも、自分たちの過ちを自分たちで検証するこの姿勢を、僕は全面的に評価する。

私が(ニューヨーク)タイムズに入ったのは1999年ですけど、まず驚いたのは「correction」、日本でいうと「訂正欄」に紙面の実に大きな部分を割いていることでした。最初はタイムズともあろうものが毎日とんでもない間違いを犯すものだなと思っていたけど、よく読んでみると「correction」と日本の「訂正欄」には決定的な違いがある。何月何日の記事にはこう記しましたが、正しくはこうでした。

お詫びして訂正します。ここまでは「訂正欄」と同じです。違いはその先にあります。「correction」では、その間違いがなぜ起こったのかを徹底的に検証していく。たとえば、私たちが間違ったのは情報源Aから提供された情報を鵜呑みにし、裏取りを怠ったためである。情報源Aが嘘の情報を流したことが後に情報源Bに取材して判明した。正しい情報はこれこれであった。申し訳ありませんでした。ここまでやって完結なのです。

引用したのは、『誰がこの国を壊すのか』（ビジネス社）における上杉隆のコメントだ。ここまで間違いを開示したら読者の不信感を招くのではないかと危惧した上杉に対して支局長は、「**新聞もしょせん人間が作っているものだから間違いは必ず起こる。（中略）われわれはそれを隠そうとする誘惑に勝たなければならない。もし、君がそういう誘惑に負けたら君のキャリアは終わりだ**」と言ったという。

日本のメディアは自分たちの過ちについての検証作業をほとんど行わない。責任問題を回避しようとするからだろう。一般企業ならばある程度は仕方ないかもしれないが、メディアはこの作業を怠るべきではない。絶対に無謬性に陥ってはならない。

だからこそ僕は、「カメラを回す前」を（もう一度書くけれど）全面的に評価する。とても重要な作品だ。ただし同時にこの作品には、実は致命的な過ちがある。6年前に荒井や他のスタッフたちが天皇の映像を中国政府に渡したことだけを語らなかった理由は、その行為を特別視していたからだ。そしてそれを追及する村瀬たちメ～テレの取材班も、天皇の存在を特別視している自分たちに気づいていない。単独取材のバーターとして天皇の映像を使うとは大問題であるとの認識が、何の迷いもなく確固たる前提になってしまっている。

本来ならこの作品のテーマは、テレビ報道に携わる自分たちの意識に固着している内なる天皇制タブーにすべきだった。でもそこにはまったく触れていない。致命的な欠陥だ。とても残念だ。そんなことを講評でしゃべった僕に、帰京後に村瀬からメールが来た。最後にその一部を引用して今回は終わる。


講評の中で森さんが仰った「致命的」という一言に目が覚めた思いです。

ニュースで、なぜ天皇の行動だけが丁寧な言葉で表現されるのか。なぜ「陛下」という唯一無二の敬称が用いられるのか。かって不条理を感じ続けていた自分の感覚が、何かに慣らされていたことに気付きました。

今回の番組を、天皇制よりも中国報道に落とし込んだことで、肝心な部分への検証に意識が行かなかったという気もいたします。（中略）再び、お会いできる機会があることを願っています。

始まった日と終った日

『創』2013年11月号

2013年8月はほぼ1カ月、ピースボートの船上にいた。乗るのはほぼ3年ぶりだ。初めての乗船は10年ほど前。その前から何度か誘われていたのだけど、「平和」や「反戦」などと染め抜かれた鉢巻をしめて船底でシュプレヒコールをあげているかのようなイメージをどうしても拭えなくて、ずっとお断りしていた。でも試しに一度だけと乗船して、自分の思い違いを訂正した。

世界一周クルーズは他にもいくつかあるけれど、ピースボートは価格が圧倒的に安い。だから大学生やフリーター的な若者が半分近くいる。残りは停年で退職した世代。女性も多い（もしかしたら半分以上かも）。

働き盛りの40代と50代は少ないけれど、それを除けば船上はほとんど日本社会の縮図だ。ずっと共産党を応援しているという人もいれば自民党支持者もいる。原発反対派もいるが賛成派も少なくない。最も多いのはノンポリかも。思想的な偏向はほとんどない。

それからは平均すれば、二年に一度は乗船していると思う。今回のコースは、インドのコーチンで乗船してからインド洋を航海してスエズ運河を通り、エジプトのポートサイドに最初の停泊をする予定だった。でもエジプトの現在の政情があまりに不安定であるということで、直前に地中海の島国キプロスに航路が変更された。キプロスの後にはギリシャのピレウスやトルコのクシャダス、マルタのバレッタやイタリアのチビタベッキアなどに寄港しながら旅を続けた。

正規の乗客ではなくスポット的に参加する僕のポジションは、ピースボートでは「水先案内人」と呼称され、船上では講座や上映会を行うことを依頼されている。豪華客船クルーズにおける歌手とかマジシャンのポジションだ。

今回はジャーナリストの鎌田慧と軍事評論家の前田哲男、フォトジャーナリストの豊田直巳にアニメーション映画監督の宇井孝司に元日本ユネスコ協会連盟事務局長の吉岡淳などが、同じ水先案内人で一緒だった。もちろんシンガーやダンサーなどのエンターティナーも乗船している。

南北に分断されたキプロスの首都ニコシアでは、国連管理下のグリーンゾーン（緩衝地帯）を歩き、地元で平和運動を続ける若者たちと交流した。世界遺産に登録されているマルタの首都バレッタは、石でできた地面から石の建造物が生えているような街だった。トルコのクシャダスでは、地元の人たちとトルコ料理と音楽を堪能した。

ギリシャからは、イランのテヘラン平和博物館のスタッフ数名と、ドイツのチュービンゲン大学の学生たち20人ほどが乗り込んできた。引率するハーゼンクレーバー教授が宗教と戦争についての講座をまずは行い、その後に学生たちがドイツの戦後体制と補償についての研究発表を行った。とても興味深い内容だった。

発表が終わってから学生たちと雑談した。時期的にはちょうど靖国に閣僚たちが参拝したとのニュースがあったころだ。その話題になったとき、女子大生の一人から「それだけの政府関係者が参拝するということは、日本では8月15日が戦争のメモリアル・デーなのでしょうか」と質問された。

「その日は終戦記念日だから、メモリアル・デーといえると思います。それと8月6日と9日も。これは広島と長崎に原爆が落とされた日です。ドイツのメモリアル・デーはいつですか。確かベルリン陥落は5月ですよね」

僕のこの問いかけに、学生たちは「その日はドイツにとって重要な日ではありません」と答えた。ならば重要な日はいつですかと訊ねれば、数人の学生が「1月27日」と答える。でもそれが何の日かわからない。首をかしげる僕に、「アウシュビッツが連合国によって解放された日です」と彼らは説明した。「それと1月30日も。この日はヒトラーがヒンデンブルクから首相に任命されてナチス内閣が発足した日です」

マイクを手にしながら、僕はしばらく絶句した。この違いは大きい。日本のメモリアルは被害の記憶と終わった日。そしてドイツのメモリアルは加害の記憶と始まった日。どちらを記憶すべきなのか。どちらを起点に考えるべきなのか。

結果として日本は、加害の記憶に被害の記憶を上書きした。終わったことを起点に考えることを選択した。戦争の終わりはむしろ戦後の始まり。復興に高度経済成長。1968年のGNP（国民総生産）はドイツを抜いて世界第二位まで上りつめた。経済大国。ジャパン・アズ・ナンバーワン。強い国。豊かな国。明治政府のスローガンだった富国強兵とセットになった脱亜入欧は、アジアへの蔑視感情を醸成し続けながら、戦後も結局は変わらない（ただし戦後は入欧ではなくて入米だけど）。

やがてバブルがはじけて経済は停滞する。しかも中国や韓国が併走し始めている。アジアへの蔑視感情が再び湧きあがる。やっぱり豊かさが恋しくなる。強くて豊かな国だった時代が懐かしい。内心では中国や韓国の台頭も苦々しい。なんで今さらアジアのワンオブゼムにならなければならないんだ。そんな気持ちが湧きあがる。

英霊たちが死んだのは8月15日だけではない。むしろこの日の死者は相対的には少ないだろう。ならば政治家が参拝する日は、終わった日より始まった日であるべきだ。あの戦争はなぜ始まったのかを本気で考えるなら、少なくとも8月15日ではないはずだ。

麻生副首相のナチス発言（あの手口、まねたらどうかね）については、ドイツの学生全員が知っていた。「ドイツではすぐに辞任ですか?」そう質問する日本の学生に、「辞任の前にドイツでは人としてダメです。実際に逮捕されます」と困ったようにドイツの学生が答える。

麻生副首相のこの発言については、これを批判した朝日新聞などを、文脈を誤読しているとしてまた批判する論考を保守系論壇誌などで散見したが、牽強付会《けんきょうふかい》とはまさしくこのことだ。特に櫻井よしこの「つけ火して、煙り喜ぶ朝日新聞」（『WiLL』10月号）の「有体に言って、一連の発言は結局、『ワイマール体制の崩壊に至った過程からその失敗を学べ』という反語的意味だ、と私は受け止めた」にはあきれた。麻生元首相の発言はネットで視聴できるけれど、「あの手口、学んだらどうかね」には、そんな反意的なニュアンスは絶対にない（不適切な発言だと櫻井も認めている。それなのに反語的意味だと断定できる理由がまったくわからない）。

話が逸《そ》れた。とにかくこのとき、ドイツと日本との戦後姿勢や意識の違いを、とても強く実感した。今回訪ねた国は（インドを別にして）すべて、通貨はユーロが使える。国境もパスポート提示することなく超えることができるエリアが多くなった。犬猿の仲だったドイツとフランスも含めて、現在のヨーロッパでは領土問題もほとんどない。

同じように世界大戦を経過したのに、なぜ東アジアではそれができないのだろう。もちろんその後も朝鮮戦争やベトナム戦争があったし、東アジアとヨーロッパは地政学的にもまったく違う。それは知りながらも、やっぱりなぜこれほど違うのかと嘆息したくなる。

船に乗っているあいだは、当然ながらテレビや新聞をチェックできない。ネットは繋がったり繋がらなかったり。もちろん携帯電話も使えない。つまり船上では全員が強制的に情報弱者となる。これが心地よい。本を読む。人と会話する。水先案内人の講座を聴く。その後のディスカッションにも参加する。夜はデッキに隣接する居酒屋に集まって飲む。しゃべる。見上げれば満天の星空。いろいろ思う。いろいろ考える。

帰国して最初に接したニュースは、アルバイト学生が悪ふざけ映像を投稿して炎上するという騒動だった。船上でも聞いてはいたけれど、あらためてその量の多さに驚いた。この原稿を書いているここ数日も、神戸の「靴下屋」で男性客が店頭展示用の筒状の靴下を剥きだしの股間に当てた写真をツイッターに投稿したことが発覚して、店側は投稿の削除を求めると同時に展示していた靴下約30足を廃棄して店内を消毒し、さらに男性を特定して損害賠償を求めることを検討すると話しているとのニュースがあった。また都内の個人営業の蕎麦《そば》屋は、男性アルバイト店員が厨房の大型食器洗浄機に両足や頭を入れた画像をツイッターに投稿して炎上したため（つくづくバカだ）、店を閉店することにしたという。

なぜこれほどに同じことが繰り返されるのだろう。学習能力が欠如しているとしか思えない。あるいはメイン・ストリームのメディアに接していないのかもしれない。新聞は読まないしテレビニュースも見ない。まるで船上だ。でもネットニュースくらいはチェックできると思うのだけど、興味あるサイトしか見ないのだろうな。

一昔前、ネットにはあらゆる情報が、マスメディアや権力サイドのフィルターなしに存在しているなどの記述をよく目にしたけれど、結局はこのレベルのユーザーが大半なのかもしれない。もちろんこの背景には、クローズされた密室とオープンな公共空間のあいだを、本人も気づかないうちにあっさりと越境してしまうネットの属性も働いている。加えて思慮が足りない世代だ。バカバカしいことや大人たちが眉をひそめるようなことを、むらむらとやりたい時期でもある。

でもそれらの要素を差し引いたとしても、この騒動についてはまだ違和感がくすぶる。要するに「何か変だ」感だ。

この騒動を理由に閉店する店も含めて、社会全体があまりに過剰反応すぎないか。とにかく一罰百戒。思いきり後悔させたい。退学や損害賠償で人生を台無しにしてやりたい。そんな憂さ晴らし的な気分が、この現象の背景に駆動しているような気がして仕方がない。その意味では、関西の大学生のUSJ騒動、イタリアの大聖堂に落書きした女子大生への対応、さらには2004年にイラクで武装勢力に拘束された3人の邦人に対しての自己責任論にも繋がるのかもしれない。

憲法の意味を知らない総理とナチス形成過程を理解していない副総理。そして未成熟な異物排斥社会。帰国したことを本気で後悔したくなる。

瑣末な違和感

『創』2013年12月号

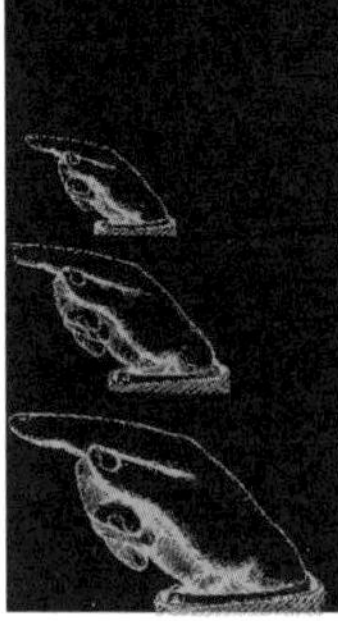

大学でジャーナリズム論を教えている。でも人に教えられるタイプじゃないことは、自分でもよくわかっている。同じことを何度も話さなければならないことも苦痛だ。だから授業が始まってから20分から30分間くらいは、できるだけ学生たちに喋らせるようにしている。

もちろん私語ではない。テーマはある。1週間分のメディアに対しての違和感だ。それを一人ずつ発表させている。日々、テレビや新聞やネットなどのメディアに接しながら、時おり「あれ？」と思う瞬間がある。「なんか変だな」と首をひねることがある。でもほとんどの場合は、そのまま忘れてしまう。

この違和感を記憶すること、あるいは持続させながら考察すること。そして言葉にして表現することを実行させている。なぜなら瑣末《さまつ》な違和感が、メディアの本質的な矛盾や欺瞞の発見に繋がることがあるからだ。そしてこれを考察することは、多面的な見方を獲得することと重複する。つまりメディア・リテラシーを身につけることと同義でもある。

学生にはそんな説明をする。本音は90分も一方的に教壇の上から話すだけの技量と自信がないからだけど、苦しまぎれのこの策が、今のところなかなか面白い。学生たちの素朴な違和感に、なるほど確かに、と思わせられることが多いのだ。数週間前の授業では、こんな違和感を口にした学生がいた。

「今の国会について、新聞やテレビは当たり前のように『ねじれ』とか『解消』などの言葉を使うけれど、これがずっと不思議です」

「なぜ不思議なのですか」

「えーと、なんか変です」

「だから何が変なのですか」

「解消という言葉を使うのなら、ねじれが良くないことだとの前提があるということになります。でもならば、何のために衆議院と参議院があるのかわかりません」

この連載でも何度か指摘しているけれど、言葉が重要な要素であるはずのメディアにおいて、近年は言葉へのこだわりが本当に小さくなった。言い換えれば、扱いが粗雑になった。例えばアメリカでは上院と下院とで民主党と共和党の位置が逆転することは頻繁《ひんぱん》にあるけれど、これを「ねじれ」とは誰も言わない。むしろ健全なのだ。

つい先週の授業では、「僕はサッカーが好きなんです」と発言した男子学生がいた。

「サッカーの前園選手って先生は知っていますか。もう現役じゃないけれど」

「何となく」

「その前園元選手が、酔ってタクシー運転手に暴行をはたらきました。事件化されているのだから警察が処理することは当然として、なぜ彼が新聞社やテレビ局のカメラに向かって謝るのか、僕には理解できません」

「謝る意味がわからないということ？」

「暴行を加えた被害者に謝るならわかります。でもなぜカメラの向こうの一般の人に、つまり僕たちに、彼は謝らなければならないのですか」

「ならばみんなに訊いてみよう。彼が誰に謝っているのか、わかる人？」

僕は他の学生たちに質問した。でも誰も手を挙げない。まあそれはいつものこと。一人が手を挙げれば後に続く学生が出てくるけれど、最初に手を挙げる学生はまずいない。だからこちらから指名した。

「どこの国でもいいけれど、留学生はいますか」

一人の女子大生が手を挙げた。中国からの留学生だ。僕は彼女に、「今の例だけではなく、日本では企業が不祥事を起こしたとき、役員や社長が記者会見を開いて頭を下げて謝罪することが慣例になっています。こうした謝罪は中国でもありえますか」と訊いた。

「ありえません。観たこともありません」

彼女の答えを聞いてから、僕は学生たちに言った。

「中国だけじゃないです。他のアジア諸国でも欧米でも、こうした謝罪はまずありえない。だからもう一度訊きます。彼らは誰に向かって謝っているのでしょう」

数秒後、一人の男子学生がおずおずと手を挙げた。

「世間だと思います」

「そうですね。世間を騒がせて申し訳ないは、こういう場合の決まり文句です。世間。あるいは場。あるいは空気。この力が日本ではとても強い。だからこそ謝罪しなくてはならない。つまりセレモニーです」

そう言ってから僕は、「たぶん君たちのうち半分近くは、この答えを知っていたはずです」と言った。

「でも手を挙げない。発言しない。これも空気の力です。誰も発言しないから発言しづらい。誰かが発言すれば発言しやすくなる。つまり同調圧力ですね。その傾向が3・11以降、この国ではさらに加速しました」

この日はその後、特定秘密保護法について学生たちに講義した。ただしこの法案が持つ危険性や欺瞞性については、多くの人がいろんなところで言ったり書いたりしている。だから少しだけ違う視点で述べる。

外交や安全保障において、国家が秘密を持つことは当たり前だ。そこに異を唱えるつもりはない。でもこれを大前提にするならば、この国ではもう充分に秘密保護は保たれていると言わねばならない。最も典型的な事例は1972年の沖縄密約問題だ。毎日新聞の西山太吉記者がスクープした政府の国民への背信行為は、それからおよそ40年にわたって秘密にされ続けた。西山記者と外務省女性事務官は裁判で機密漏洩で公務員法に違反したとして、それぞれ有罪になっているのに、歴代の自民党政権は、密約は存在しないと言い続けた。

さてここで問題です。密約がないとするならば、なぜ西山記者と女性事務官は有罪になったのでしょう？

答えは僕にもわからない。不思議だ。でもそれがこの国の実態だ。アメリカではとっくにワシントン公文書館で、密約の存在どころか日本政府が「公にしないように」とアメリカ政府に請願した文書までが公開されているというのに、自民党政権は密約など存在しないと言い続けた。もしも民主党政権が実現していなければ、間違いなく今もまだ、沖縄密約はなかったことにされている。第一次政権時代に密約などないと断言した安倍首相も含めて、歴代の自民党政権は国民を欺き続けてきた。そして密約があったことが明らかになった今も、彼らはお咎《とが》めどころか批判すら受けていない。

だからやっぱり不思議だ。確かに半世紀近く前に起きた事件だけど、国民を欺き続けてきた政治家は今もまだ現役なのに、なぜメディアは責任を追及しないのだろう。

密約事件が一旦は表沙汰になりかけたとき、佐藤栄作首相は開き直ったように、国家機密法が必要だと発言している。これが秘密保護法のオリジンだ。

つまり特定秘密保護法の成立は、憲法改正と並んで自民党のＤＮＡでもある。一人は岸信介。そしてもう一人は佐藤栄作。その二人の血筋である安倍晋三現首相としては、せめてどちらかだけでも現実にしたいのだろう。

とにかく学生たちには、過剰な忖度《そんたく》や自粛が組織内で当たり前のように機能するこの国では、特定秘密を保護する法律など今さら必要ないくらいだと講義した。その話の流れでメディアの自主規制や放送禁止歌などにも話は及び、学生から「放送禁止語とはどのようなものがあるのですか」と質問されたので、「放送禁止歌と同じで、そもそも放送禁止語は存在しない。すべて自主規制です」と説明した。

「具体的に言います。たとえばめくら、かたわ、ちんば、せむし、びっこ、みなしご……今ここに挙げた言葉は、すべて自主規制によって、放送禁止のように扱われている言葉です」

言葉をすべて漢字で板書してから振り向くと、何となく学生たちの反応が鈍い。ぽかんとしている。だからもう一度同じ説明をした。でもやっぱり反応が鈍い。使ってはいけないと思っていた言葉をいきなり羅列されたので、萎縮しているのだろうか。でもそんな雰囲気でもない。おかしいな。

ふと思いついた。板書した「傴僂（せむし）」を指で示しながら、「この言葉を知っている人は挙手してください」と僕は言った。でも誰も手を挙げない。次は「片輪（かたわ）」。次は「跛足（ちんば）」。……板書した言葉すべてを確認したけれど、手を挙げた学生はほんの数名だけだった。つまりほとんどの学生は、めくら、かたわ、ちんば、せむし、びっこ、みなしごを知らないのだ。意味を知らないということではなく、初めて耳にしたらしい。少しだけ僕は教壇の上で感無量。いやこの言葉は変か。とにかくしばらく絶句した。

僕がテレビ・ディレクターをしていた頃は、これらの言葉は差別語に該当するから安易に使ってはいけないと誰もが知っていた。でも今は、これらの言葉自体を若い世代が知らない。なぜならテレビにも新聞にも書籍にも、これらの言葉は存在しない。ならば消えて当たり前だ。

言葉がなくなるということは、文脈やそれに付随する歴史がなくなることを意味する。とても重大な問題だ。

でもいつのまにか消える。あるいは違う意味を持つ。あるいはインフレを起こす。知らないうちに。誰かの都合のいいように。こうして空気が変わる。場が変わる。そして最後には国の方向が変わる。

山本太郎と天皇制

『創』2014年1月号

そろそろ1カ月が過ぎるのに、園遊会で天皇に手紙を渡した山本太郎参院議員宛てに、いまだに脅迫状やピストルの実弾入りの手紙などが送られているという。

そんなニュースを見たり聞いたりするたびに、何だか他人ごとではないような気分になる。なぜならば僕自身もかつて、山本議員とほぼ同じようなことを考えていたのだから。

2004年から2005年にかけて、フジテレビのNONFIXで放送することを前提にして、僕は「前略天皇陛下さま（仮）」というタイトルのドキュメンタリーを撮っていた。

この作品を一言で説明すれば、当時流行っていたアポなし取材の天皇版だ。ディレクターである森達也自身が天皇に会って話しかけることをゴールにして、そこに至るまでの過程をドキュメンタリーにする企てだった。もしも会えたなら、天皇にかける言葉は決まっていた。「今はおつらくないですか？」だ。それに対して天皇が何と答えるかわからない。にっこりと微笑みながら首を横に振るかもしれないし、「ええ少しだけ」と言うかもしれない（言うわけないか）。

とにかく撮影を続けながら、カメラを持って園遊会に忍び込むとか、天皇のメルアドを入手するとか、皇居清掃のボランティアに紛れ込んで御所に近づくとか、手段はいろいろ考えていた。

でも2005年の年明け早々に、いったんは企画に同意したフジテレビが、「どうせ天皇には会えないのだからこの企画は破綻している」との理由で制作中止を示唆してきた。このときはそれに対して「実際に天皇に会えるかどうかは実は問題ではない。一個人が天皇に会おうとする過程で何が起きるかを撮るドキュメンタリーなのだ」と抵抗したけれど（僕だって本気で天皇に絶対に会えるなどと思っていたわけではない）、最終的に企画は消滅した。

でももしこのとき、メルアド入手計画か御所忍び込み計画か園遊会乱入計画のどれかが狙いどおりに実現していたら、僕は天皇に会って声をかけていたかもしれない。そしてその瞬間が放送された後には、今の山本議員の比ではない状況になっていたはずだ。とっくに天誅《てんちゅう》を加えられていて不思議はない。その意味ではフジテレビに感謝すべきなのかもしれない。

いずれにせよ多くの国会議員や識者やメディアが、山本議員の行為に対して「天皇の政治利用だ」と批判したけれど、なぜあれが政治利用になるのかわからない。強いていえば「政治利用未遂」じゃないか。でもそれ以前に、利用したとか利用されたとか、まるでモノのような扱いは、それこそ天皇に失礼じゃないかと思うのだけど。

騒動がピークのとき、大学で学生たちに山本議員の行為をどう思うかと訊いたら、「政治利用」の言葉とともに、「非礼」や「失礼」、さらには「不敬」などの言葉が返ってきた。

でも「例えば君たちが大学の学部長や学長に手紙を渡すことは非礼なのか」と訊けば、「それは非礼ではない」と答える。あるいは社員と社長。やはりそれも、少なくとも渡すこと自体は非礼や失礼ではない。「じゃあなぜ天皇に対しては非礼になるのか」と重ねて訊けば、「確かになぜでしょう」と首をかしげている。要するに平成生まれの彼らの内面においても、天皇という存在がいつのまにか、特権的で例外的な存在となっている。

そもそも政治利用とは何か。天皇の権威を時の権力が利用することだ。確かに天皇制の歴史は、そうした過程の積み重ねと言い換えることもできる。

さらにアジア・太平洋戦争後には、占領軍であるアメリカが日本統治を円滑に進めるために、天皇制を残す（つまり政治利用する）ことを画策した。

ここ数日のメディアは、来日したばかりのキャロライン・ケネディ駐日大使の動向をメインで伝えているけれど、彼女の父親が大統領だった時代の駐日大使は、親日家で知られたエドウィン・ライシャワーだ。日米戦争が始まってすぐ、アメリカに帰国していたライシャワーは米政府に、戦争終結後の日本に対しては天皇制を利用した統治政策をとるべきだと進言し、実際に戦後統治はその方針で進められた。でも昭和天皇だけをお咎《とが》めなしにしてしまえば、ドイツやイタリアの戦後処理との比較で不整合が生まれる。お咎めなしにする理由が必要となる。

こうして天皇は戦争に反対していたが軍部に騙され押し切られたとのレトリックが構築された。その副産物として、A級戦犯の存在が突出する。いわば彼らは、戦後日本が国の形を大きく変えないまま存続できるように（国体護持）、世界に差し出されたスケープゴードだ。A級戦犯の靖国合祀《ごうし》について、昭和天皇が強い不快感を示した理由の一つはここにある。昭和天皇や今上天皇が決して靖国に参拝しない理由も同様だ。彼らが手を合わせてしまえば、A級戦犯たちの思いを踏みにじることになる。

いずれにせよ政治利用されるリスクがあるならば、天皇制は戦後に手放すべきだった。でも結局のところアメリカは、日本を統治するために天皇制を利用した。こうしてアメリカへの従属と天皇制は、この国の戦後においてセットで始まった。

同時にまた、「実は戦争遂行に積極的ではなかったのに、天皇は利用された」というレトリックを強調したからこそ、「天皇を政治利用してはならない」との原則が強化された。つまり「天皇を政治利用してはならない」は、戦後の最大の政治利用の結果として、倒錯的に生まれたルールでもある。

そういう本質的な議論がないままに、山本議員に対する「不敬」や「政治利用」などの言葉だけが宙を舞い、その結果として、「天皇タブー」と「内なる天皇制」がさらに強化される。

山本議員の行動を政治利用と批判するならば、２０２０年の東京オリンピック招致で皇族にスピーチを依頼したことや、２０１３年4月の「主権回復・国際社会復帰を記念する式典」に天皇夫妻をお呼びした政治家たちが「天皇陛下万歳」と唱和したことの整合性こそ、もっと問われなければならない。

歴代の政権が主権回復の式典を避けてきた理由は、本土が主権回復したこの日は、沖縄の統治権をアメリカに渡した日でもあるからだ。当然ながら沖縄の人たちからは反発がある。だから安倍政権は天皇ご夫妻を壇上に上げた。でも発言はさせない。これはまさしく政治利用だと思うのだけど。少なくとも僕には、式典の日にいきなり天皇陛下万歳と叫ばれたときの天皇の表情のほうが、山本議員から手紙を渡されたときよりもはるかに困惑しているように見えた。しかも政府のインターネットテレビの動画をみると、なぜか〝天皇陛下〟の音声だけが消されていて、〝万歳〟だけが残されている。ならばこれほどの「不敬」と「非礼」はないと思うのだけど。

山本議員の行動が浅慮であることは確かだ。でも彼ほど直情径行ではないにしても、天皇に対しての信頼と期待が、特に近年の左派リベラルのあいだで深まっていることも否定できない。

２００１年の天皇誕生日の記者会見で、「桓武天皇の生母が百済の武寧王の子孫であると続日本紀に記されていることに、韓国とのゆかりを感じています」と語った天皇は、２０１０年10月に行われた平城遷都１３００年記念祝典に皇后とともに出席した際にも、やはり桓武天皇に触れながら、「我が国には多くの国から渡来人が移住し、我が国の文化や技術の発展に大きく貢献してきました」と再び述べている。最初の発言は小泉政権下。日韓関係は険悪になりかけていた。そして２０１０年の発言は、尖閣問題で中国漁船衝突問題が起きた直後だ。

２００４年の園遊会では、当時東京都教育委員だった米長邦雄から「日本中の学校で国旗を掲げ、国家を斉唱させることが私の仕事」と挨拶されて、「やはり、強制になるというものではないのが望ましい」と応じたことも含めて、明らかに天皇は一定の意思を示している。追い詰められるばかりの左派リベラルにとってみれば、最後の希望のような存在になってしまった。これもまた、とても倒錯している。でも白状すれば、その心性は僕にもある。きわめて直感的ではあるけれど、人格高潔で信頼できる方だと思う。

そして、そういう自分の心情も含めて、きわめて危なっかしい状況になってしまったとも思っている。

メディアの発達が要因となって、今上天皇からは肉声が聞こえるし、表情もうかがえる。だからこそ好感度が上昇する。この現象に対して最も困惑しているのは、もしかしたら天皇自身かもしれない。

戦後にアメリカは、この国を統治するために天皇制を残すことを決めた。ただしアメリカが天皇の上に立つためには、現人神《あらひとがみ》のままでは困ると彼らは考えた。だから人間宣言を行わせ、象徴天皇制を採用した。でもここに無理があった。ハトが平和の象徴であるように、象徴するものとされるものは異質でなければならない。国旗や国歌なら国や国民の象徴になりえたけれど、人間は人間の象徴にはなりえない。しかも人間は一人ひとり個性がある。寿命があるから代替わりもする。

つまり天皇制は今、とても危険なシステムになりかけている。今上天皇はそれに気づいている。だから必死にサインを送っている。でも皇室タブーに縛られたメディアは、なかなかこのサインを報じようとはしない。前述の桓武天皇についての発言も、正確に報じたメディアはほんの一部だ。

万世一系の天皇制を抱くこの国の近代化の原動力の一つは、他のアジア諸国への蔑視であり優越感だ。そしてそれは、天皇制が残された戦後も変わらなかった。天皇制を戴《いただ》いた特別な存在として大東亜の頂点に立つはずだったこの国は、徹底的に国土が破壊された戦後に奇跡的な復興を成し遂げ、経済でGNP世界第二位を達成した。

やがてGDPは中国に抜かれ、近代化のシンボル的存在だった原発が事故を起こし、これからはダウンサイジングの時代なのだと多くの人は実感している。でも認めたくない。なぜならそれは、日本がアジアの中のワンオブゼムになってしまうことを認めることになる。醸成してきたアジアへの蔑視感情を中和できない。だからこそ今、軋《きし》みとしてヘイトスピーチや天皇への待望が突出してきた。

小泉元首相がこのタイミングで、原発について政治的な発言をしたことも象徴的だ。多くの人が権力ではない権威の出現を待望している。つまり天皇制が偏在しかけている。言い換えればアメリカ従属も加速している。そこに自民党の遺伝子を最も色濃く持つ安倍政権が誕生した。とても危険な状態だ。

メディアはどう対峙すべきか

『創』２０１４年２月号

２０１３年12月に特定秘密保護法が成立してから1週間が過ぎた。今はまだ余韻がある。でも（賭けてもいいけれど）このコラムが掲載された『創』が書店に並ぶ1月上旬には、特定秘密保護法についての論議は、メディアの表舞台からほとんど消えているだろう。

かつて個人情報保護法が成立するときも、今回と同じように国民レベルで反対する意見が沸き上がり、多くの識者やジャーナリストたちが抗議声明を出した。この時期に『Ａ２』を発表したばかりの森達也もその末席にいた。日比谷野音で開催された反対集会に呼ばれた。観客席は人で溢れていた。このうち半分でも『Ａ２』を観に劇場に来てくれればと考えて悲しくなった。

壇上で発言する参加者があまりに多いので、進行は6つのブロックに分けたリレートークになった。僕が入れられたブロックには、鈴木邦男と佐高信、日名子暁とひろゆき、辛淑玉《シンスゴ》と宮崎学がいた。でもいろいろ事情があって宮崎は欠席した（面倒なので理由と経緯は割愛）。だから会場からつまらないヤジが飛んだ。これに対して鈴木が怒り、やじった男たちを挑発して暴れそうになった。『創』の鈴木の連載「言論の覚悟」のタイトル下の写真は、そのときに撮られた一枚だ。このときは怒る鈴木を後ろから眺めながら、普段は優しそうに見えるけれど、やっぱり本質は怖い人なのだと実感した。しかも格闘技の心得がある。舐《な》めてはいけない。だから今も、鈴木が傍にきたときは緊張している。不意に襲撃されても立ち向かえるように、ポケットの中でボールペンを握りしめている。

……とにかく個人情報保護法については、多くの人が反対の意を示した。でもその個人情報保護法よりも特定秘密保護法が孕《はら》む問題点のほうが、はるかに大きい。しかし反対や抵抗の声は薄い。馴れてしまったのだろう。

ならばメディアは、この状況にどのように対峙すべきなのか。特定秘密保護法成立のカウントダウンが始まった11月下旬、僕は公式ウェブサイトに以下のコラムをアップした。

テレビと雑誌は論外。もはやジャーナリズムではない。読売と産経を除外した大手紙とほとんどの地方紙は、かろうじて反対の声をあげている。それは評価する。でもだからこそ言いたくなる。自民党は憲法草案を選挙前にネットで提示している。日本版NSCの構想も明示されていた。ならば今のこの路線と状態は充分に予測できていたはずなのに、なぜあなたがたは、「ねじれ解消」などの言葉を無分別に使い、アベノミクスを無批判に歓迎したのだろう。

補足するが、日本版NSCの構想は、第一次安倍内閣の時代にアメリカの要請で始まっている。これが具体化するならば、当然ながら次は、NSCが保有することになる国家機密を秘匿するためのシステム（個人情報保護法）が始まる。誰だって予想できる展開だ。

だから不思議な気分になる。自民党があれほど圧倒的に支持されて、しかも衆参両院の「ねじれ」が

「解消」されたのだから、秘密保護法成立や武器輸出三原則を（防衛装備移転三原則と名称を変えながら）なし崩し的に緩和すること、さらに集団的自衛権の拡大解釈や憲法解釈の変更などは、充分に予測できたと思うのだけど。

ジャーナリズムの本分である権力監視をメディアが放棄するならば、為政者が強気になることは当然だ。多少の反対があっても、通してしまえば何とかなる。彼らはそう学習した。要するにメディアを舐めている。鈴木邦男がそばに寄ってきたときの森達也のように緊張していない。弛緩《しかん》している。そしてその責任は、この国の国民とメディアにある。極論すれば為政者には何の責任もない。犬は吠え鳥が飛ぶように、為政者の多くは（監視されなければ）暴走するのだ。歴史の縦軸を見ても世界の横軸を見ても、その実例はいくらでもある。

とにかくありえない悪法で論外で話にならないし、絶対に阻止しなくてはならないことは大前提として、実のところ意識のどこかで、「もう通しちゃえば?」と半ば本気で思っている自分がいる。だってもし仮に法案成立を阻止したとしても、メディアと社会が変わらないのなら、またいずれ同じことが繰り返されることは目に見えている。

法案への反対意見をメディアが示し始めたのは、東京新聞が9月13日で、毎日新聞は10月21日、朝日新聞は10月26日。木鐸《ぼくたく》としてはあまりに遅い。これでは災害は防げない。

そもそも国家機密の強化は自民党の宿願だ。1972年4月8日の参議院予算委員会で佐藤栄作首相は、4月4日に国家公務員法（守秘義務）違反の容疑で逮捕された毎日新聞社の西山太吉記者について触れながら、「国家の秘密はあるのであり、機密保護法制定は必要だ」と発言した。字義どおりに解釈すれば、沖縄返還にからめての密約をアメリカとこっそり交わしていた事実を、ほぼ認めたことになる。でもこの発言の後に、「この（西山）事件の関連で言うのではないが、かねての持論である」と付け加えている。あわてて訂正したのか、あるいは最初からこのように補足するつもりだったのか、それはもうわからない。

いずれにしても政府は「機密はない」と主張し、そして西山と外務省女性事務官は「機密を漏洩した」として逮捕された。子供にでもわかる矛盾だと思うのだけど、最終的に二人は有罪判決を下された。

さらに１９８５年、自民党は議員立法として国家秘密法案を国会に提出した。ただしこのときは、社会党や公明党や共産党など当時の野党が強硬に反対を主張し、また自民党内でも造反する議員も現れて、最終的に法案は廃案となった。それから28年が過ぎた２０１３年、国家秘密法と内容的にはほぼ同じ特定秘密保護法は成立した。つまりこの28年間で、大きな変化が起きていた。

そのひとつはインターネットの出現だ。ウィキリークスが示すように、機密漏洩が従来とは違うレベルで行われやすくなった。政権側が危機意識を持つことは当然だろう。

同時にネットの出現は、メディアの競争原理を結果的には後押しした。だからポピュリズム（市場原理）が加速する。つまり不安や危機を煽る傾向が、より強くなった。

その帰結として、言葉の定義がより煽情的な方向に変わってきた。例えば「テロ」。秘密保護法第12条は、「政治上その他の主義主張に基づき、国家若しくは他人にこれを強要し、又は社会に不安若しくは恐怖を与える目的で人を殺傷し、又は重要な施設その他の物を破壊するための活動」をテロリズムとして規定している。つまり（「その他の主義主張」が気になるけれど）社会に不安や恐怖を与えることだけではなく、人を殺傷することや施設の破壊が必要条件なのだ。でも石破茂幹事長（当時）がブログに書いた「単なる絶叫戦術はテロ行為とその本質においてあまり変わらない」が示すように、ここ数年は「テロ」の意味がインフレを起こし、ずれながら拡張し始めている。

特定秘密保護法の本質的な危険性はここにある。そもそも何が「特定」なのかから始まって「有害」やら「適正」やら「その他の」やら、条文に散りばめられた言葉の定義や使いかたが、あまりに曖昧で杜撰《ずさん》で広範すぎるのだ。

曖昧だからこそ不安や恐怖が増大し、集団化を始めた社会は「国に不利益をなす」異物を探して袋叩きにしたくなり、「国に災いを為す」敵国を探して殲滅《せんめつ》したくなる。

そうした意識を国民レベルで共有しているからこそ、治安強化への理解と共感は得られやすい。テロ対策としての監視強化や管理統制は理屈抜きに受け入れられ、公安警察は権限を拡大し、「治安維持」や「安全保障」などの言葉をまぶした法律や委員会が増殖する。

一枚の写真を見てほしい。１９２５年2月の東京朝日新聞夕刊の一面だ。細かな説明はしない。でもここで使われる「赤」を「テロ」に替えれば、まさしく今の一面見出しそのものだ。

こうして歴史は反復される。集団と親和性が強い日本人は、環境に自分を合わせる傾向が強い。だから摩擦係数はすぐに小さくなる。これほど問題だらけの秘密保護法も施行されてしまえば、いずれ国民（とメディア）は順応していくだろう。

書けば書くほど鬱になる。だから最後に希望について記す。法案成立前後、ＮＨＫで二つのドキュメンタリーが放送された。12月7日に放送されたのは「ＥＴＶ特集 戦場で書く～作家・火野葦平の戦争

～」。そして真珠湾攻撃の日である12月8日に放送されたのはＮＨＫスペシャル「日米開戦への道―知られざる国際情報戦」。

東京朝日新聞 夕刊

大正十四年二月二十七日（金曜日）

日露國交回復の日に

「赤」の定義で押し問答

定義はハッキリ下せぬが この法律だけは必要だといふ

治安維持法委員會

共産主義の定義を示せ

どちらも素晴らしかった。特定秘密保護法に対しての制作者の姿勢が明確に打ち出されていた。ＮＨＫの意地を見た。報道はひどかった。でも番組制作は頑張っている。歯を食いしばりながら作り続けている。

だからこそＮＨＫスペシャル「アジアの〝一等国〟」（２００９年放送）に対して、抗議の声をあげるだけではなく法廷に持ち込んだ自民党国会議員や産経新聞、『週刊新潮』に「日本文化チャンネル桜」などのメディア、多くの市民団体と有識者とされる人たちにはあきれる。

「（内容が）偏向している」「作為的に編集している」などの指摘に対して、映像表現に関わる人たちは、表現とはすなわち偏向であり、作為的ではない編集などありえないと声をあげるべきだ。これはＮＨＫだけの問題ではないのだから。

少し考えればわかること

『創』２０１４年３月号

２０１４年1月16日、元オウム信者である平田信初公判の日の夜、僕はＮＨＫにいた。ラジオ番組「私も一言！夕方ニュース」に出演するためだ。

番組のディレクターから出演依頼があったのは1カ月ほど前。ただし最初は返事を保留していた。この裁判で自分が語るべきことがあるとは思えなかったからだ。

でも公判が近づくにつれて、いろいろとオウム絡みの報道を目にするようになった。周辺が何となくざわついている。当日は相当に大きなニュースになりそうだ。だから考えた。自分が言うべきことはここにあると。

裁判まで1週間を切った頃、ディレクターに会った。名刺交換してすぐに質問した。

「『A３』は読んでくれていますか」

自分でも居丈高《いたけだか》かもしれないとは思う。でもこれは大事なところだ。ディレクターは静かにうなずいた。

「読んでいます」

その後に1時間ほど話をした。オウムの事件について。かつての法廷について。そして何よりも、これから始まる平田の裁判の意味について。

問題意識はほぼ共有できた。ならば出演しよう。

当日は18時過ぎくらいにスタジオに入る。いつもは25分間の「夕方特集」を少しだけ拡大してくれている。

本番中なので小声で挨拶をした後に、メインアナウンサーの末田正雄から、「今日から始まった平田裁判について思うところは」とまず質問され、僕はずっと考えていたことを言った。以下に記す。「」でくくったけれど、記憶で書いているので正確ではない。でも「番組の趣旨をひっくり返すようで申し訳ないけれど」と前置きしたあとに、概ねこのようなことを言ったことは覚えている。

「今回の裁判について、なぜこれほどにメディアが大きく報道するのか、大きな関心事になっているのか、その理由をまずは考えるべきだと思います。言い換えればこの裁判には、報道されるべき要素はほとんどない。自分が呼ばれることが不思議です。裁判にどんな期待をしていますかと時おり訊ねられるけれど、何の期待もしていません、が答えです」

オウム真理教が一連の事件を起こしてから19年が過ぎた。確かに質量ともに戦後最大級の事件だった。それは間違いない。でもそれを差し引いても、もっと風化するべきだと思っている。教えている大学の学生たちの年齢は20歳前後。当然ながら地下鉄サリン事件の時期にはものごころなどついていない。でも（事件の概要についての知識は個人差があるが）オウムや麻原の名前を知らない学生はまずいない。

しかも平田は、麻原のボディガードを務めてはいたけれど、位置としては末端の信者だ。一連のサリン事件についても関与していない。ところが多くのメディアは、「果たして事件の真実は明かされるのか」「闇は解明されるのか」的なフレーズを、常套句のように使い続けている。

メディアとは社会の合わせ鏡でもある。犬が人を咬《か》んでもニュースにはならないが人が犬を咬むとニュースになるとの喩《たと》え話が示すように、そこに報道価値はほとんどなくても、多くの人が興味を持つならばニュースになる。

つまり今のこの状況は、社会全体が当時も今も、オウムに対して過剰反応を起こし続けていることを示している。平田初公判の法廷傍聴希望者は列を為した（その多くはメディアが雇ったバイトだけど）。報道各社は例によってヘリまで飛ばした。行列を上から撮ることに何の意味があるのだろう。数を示せば十分だ。ヘリは無茶苦茶費用がかかるのに。2年前の平田の出頭劇、あるいは菊地直子と高橋克也の逮捕の際の異常な報道熱も含めて、社会は今もオウムに突出した関心を保持し続けている。

ならば僕は訴える。平田裁判については大きな関心はない。でもこの報道によって気づいてほしい。これほどにオウムに関心がある自分たちの異常さに。そして考えてほしい。その理由は何なのかと。

なぜならばここに、オウム事件の（あるいは事件が社会に残した後遺症の）本質がある。

念を押すが、意味なく風化させよと主張するつもりはない。記憶することは重要だ。でもオウム事件についていえば、明らかに記憶の回路を間違えている。

「果たして事件の真実は明かされるのか」と書く記者に訊きたい。真実は明かされるのかと書くならば、事件に対しての今の解釈は真実ではないということが前提になる。ならばいったいどこが間違っているとあなたは思うのですか？

「闇は解明されるのか」とタイトルに謳うプロデューサーやディレクターに訊きたい。闇によって不可視になったことは何なのか。何を解明しなくてはならないのですか？

たぶん答えられる人は少ないと思う。でも『A3』を読んでいる人なら答えられる（だからNHKラジオのディレクターは、僕のこの問いに即答した）。

解明すべきは動機だ。

事件はどのように起きたのか、実行犯たちはどのように指示をされて、どのような手順で地下鉄車両内にサリンを撒いたのか、その後にどのように現場から逃亡したのか、そうした要素はほぼ明らかになっている。闇などない。

ならばそこで考えねばならない。HOWではなくWHY。なぜ彼らはサリンを撒いたのか。

実行犯においてこの解答は明らかだ。指示されたからだ。多数の命を奪うことへの整合性に苦悶しながらも実行犯の多くは、これは救済なのだとかヴァジラヤーナの実践であり自分へのマハームドラー（試練）なのだと自分に言い聞かせながら、床に置いたビニール袋を傘の先端で突いた。

ならば次に考えねばならない。地下鉄にサリンを撒けと指示した主体は誰なのか。社会の合意（裁判の帰結）としての答えは明らかだ。実行犯たちに指示した幹部信者は、故村井幹部を含めて複数いる。でもその系譜を辿れば、最後には麻原彰晃に行き着くはずだ。

つまり動機を語れる存在は（彼が本当に指示したのなら）麻原だけだ。でも麻原は動機について、まったく発言していない。

本来ならば法廷で解明されるべきだった。追及されるべきだった。命じた理由を語らせるべきだった。でも結果として麻原法廷は、その任務を放棄した。動機の解明どころか麻原は（意味不明の英語まじりの弁舌はともかくとして）ほとんど意味あることを語らなかった。被告が何も語らないまま麻原法廷は、一審だけで打ち切られた。

２００４年2月27日、僕はその一審判決公判の傍聴席にいた。初めて間近に見る麻原は、被告席でずっと同じ動作を反復し続けていた。動物園の動物に時おりいるが、同じ動作の反復は拘禁障害の典型的な現れであり、統合失調症や自閉症などにも頻繁に現れる症状のひとつだ。

衝撃だった。目の前に座る麻原には、自分が何者でなぜここにいるのか、おそらくは何も理解できていない。衝撃の理由はそれだけではない。被告人がそんな状態でいるのに、裁判が普通に進行していることだ。午前中の審理が終わった昼休み、もうずっと前から被告席で失禁し続けていることを記者から聞いた。もう駄目でしょうねと別の記者は言った。でもそんな事実や思いが報道されることは絶対にない。

これが『Ａ３』を書くきっかけだ。そして『Ａ３』発表前後、僕は「麻原は精神的に崩壊している可能性が高い」的な表現をよく使っていた。でも今は断言する。「可能性が高い」のレベルではない。彼の精神は一審のあいだに完全に崩壊した。そしてそれを薄々とは感じながらも、裁判所や傍聴席のメディアは指摘しなかった。王様は裸だと誰も言わなかった。素晴らしいお召しものですねとか少し派手過ぎないかとか、いやいやむしろ地味すぎるよなどと言ってきた。

僕のこの主張に対して、「あれは詐病だ」とか「一回だけの傍聴で断言するな」などの反論があることは承知している。ならば言い返す。詐病の可能性は100％ない（その理由と根拠は『A3』に書いた）。そして一回だけであるからこそ、裸であることへの違和感をより強く持つことができたのだ。

平田公判の日、テレビ東京は昼にオウム特番を放送した。スタッフの一人は古い友人だ。放送直前に、ぜひ観てほしいとのメールが来た。公安情報だけをもとにするのではなく、本質を見つめた報道をすると書かれていた。社会状況は事件当時と何も変わっていないとも。善良な信者たちがなぜあのような事件を起こしてしまったのか、その本質について伝えたいとも記されていた。

期待した。オンエアの時間にはテレビの前にいた。そして失望した。理由は複数ある。ひとつだけ例をあげる。スタジオで「2012年に新たに入信した人は200人」とアナウンサーが述べていた。ソースは公安調査庁の発表だ。ただしこの数字はトリックだ。公安庁は入信した人の数は発表しても、やめた人の数には触れない。もちろん、やめた人の数を差し引いても一定数は入信している。そもそも入信する人がいまだにいるとの問題提起も理解する。でも番組では、2012年だけで200人増加したとの前提で話を進めていた。ならばそれは明確な間違いだ。ここ数年はプラスマイナスでむしろ微減している。

地下鉄サリン事件以前にはリストラ組織の最有力候補だった公安調査庁は、事件によって延命した。その状態は今も続いている。オウムから派生したアレフやひかりの輪の危機を煽ることが、彼らのレゾンデートルなのだ。

少し考えればわかること。でもその「少し考えれば」をしない。麻原法廷が一審だけで終わることについての違和感を提起しない。その結果として動機がわからない。わからないからこそ今も不安や恐怖が燻《くすぶ》り続ける。だからこそ健全に風化しないまま、今もこれほどオウムに対して過剰に反応する。安全保障や危機管理などオウム以降に強い大義となった言葉を掲げながら、特定秘密保護法や集団的自衛権行使や憲法拡大解釈へと繋《つな》がってゆく。

つまりオウムは終わっていない。喚起された不安や恐怖が社会を内側から蝕み続けている。事件を解明するうえで、何よりも重要な動機が解明されていないからだ。ならば綺麗《きれい》さっぱり風化させてしまったほうがよほどいい。

最後に補足。「あんな善良な人たちがなぜあんな事件を起こしたのか」と口にする人は少なくない。その文脈で「オウムの闇」とか「謎」とか言う人も。その煩悶の姿勢は正しい。でもその解答は明らかだ。歴史が示している。戦争や虐殺の燃料となるものは、ほとんどの場合は悪意ではなく善意や正義だ。これを謎や闇といつまでも言い続けるなら、ホロコーストもルワンダの虐殺も十字軍遠征もイラク戦争も、すべてが未解明の謎になってしまう。そのレベルからはそろそろ脱するべきだ。

ラジオでは最後に、「ではどうすればよいと思いますか」と質問され、「麻原に治療を施して裁判をやり直すべきです」と僕は答えた。ただし10年以上放置された麻原の意識が戻る可能性はきわめて低い。でも司法の原則はデュープロセスだ。可能性を理由に適正な手続きを放棄することなどありえない。

音楽家代作と言葉の軽さ

『創』2014年4月号

オリンピック報道には本当にうんざりしている。特に朝のテレビ。ほぼ各局がオリンピック一色だ。ニュースを観たいのに放送してくれない。しかも同じシーンを何度も繰り返す。ほぼすべてが、例の「愛と感動と勇気をありがとう！」のパターンだ。さらに日本人選手がエントリーしていない（もしくはメダルを期待できない）種目は、試合結果すら放送しない。誰だってうんざりするはずと思うのだけど、視聴率計測というアンテナを持つテレビは、社会の嗜好《しこう》には敏感なはずだ。つまり「愛と感動と勇気をありがとう！」が視聴率をとるのだろう。ならば仕方がない。うんざりする僕が偏屈なのだ。

とにかくテレビで普通のニュースが観たい。今世界では何が起きているのか。パレスチナ問題の現状。東アフリカの旱魃《かんばつ》と飢饉はどうなったのか。ウクライナ問題はどのように終結するのか。

でもそんなニュースはほとんど流通していない。オリンピック報道以外でこの国のメディアの話題といえば、何と言っても音楽家代作騒動ということになるのだろうけれど、要するに少し前に大騒ぎしていた食品偽装騒動と本質は変わらない。芝エビだと思って美味しくいただいていたのにバナメイエビだったとはけしからんとか、国産和牛だと思ったから高いお金を出していたのに輸入牛だったとは許せないなどの怒りの声の背景にあるのは、エビや肉だけではなく、そこに付加されている価値（ブランド）

も僕たちは消費しているという現実だ。

価値のブランド化は近年の現象というわけではない。例えば貴金属。エメラルドやオパールや真珠に実用的な価値があるわけではない（工業用ダイヤは別だろうけれど）。多くの人が「価値がある」と判断すれば価値が生まれる。つまり共同幻想によって裏付けされる価値だ。

音楽だけではなく美術品や工芸品の多くには、作者などのブランド（物語）が付加されている場合が多い。つまりとても脆弱《ぜいじゃく》な価値なのだ。だからこそ時には、付加された物語が実際の価値と入れ替わってしまうことになる。音楽家（固有名詞を出さない理由は「氏」と付けることが嫌いだから）への批判は当然としても、この社会の側にも、表現や消費についての内省がもう少しあってもいいと思うのだ。

かつて音楽家にロングインタビューを行いながら掲載を見送った経緯を、『ＡＥＲＡ』２０１４年2月17日号が大きな記事にしている。「見送る」ことは記事にならなかったけれど、「見送った」ことが記事になる。なぜなら彼が疑惑を認めたから。そう言われてしまえばまあそうだよねと頷《うなず》くしかないけれど、何となくすっきりしない。インタビューの掲載を見送るという行為は媒体としては相当に異例だが、音楽家サイドにはどのように説明したのだろう。あるいは疑わしいと思ったのなら、なぜその観点から取材をしなかったのだろう。

まあこれも後づけ。掲載を見送った理由を『ＡＥＲＡ』は、インタビューの際に手話通訳の動きが終わる前に話し始めたことが何度かあったことや、終了後に迎えのタクシーが到着してインターホンが鳴ると同時に立ち上がって「来ましたよ」と言ったなどのエピソードを記述している。

これが事実なら、音楽家もずいぶんと脇が甘い。見破ってくれと内心は思っていたのではと思いたくなる。とにかくこれについてはここまで。テレビなどを見ていると彼を激しく罵倒する人がいるけれど、何となく違和感がある。……まあこれは感傷だ。こいつは何を言っているんだと思う人は無視してくれていい。

安倍政権発足後、憲法改正論議に始まって、主権回復式典での天皇陛下万歳に原発再稼働に武器輸出三原則の見直し、放射能はアンダーコントロール宣言で原発輸出に日本版NSC発足、特定秘密保護法に靖国参拝にNHK経営委員と会長人事への介入、教育委員会改革に道徳への検定制度導入、そして今は集団的自衛権行使のための憲法解釈変更で、つい先日は国会で「最高責任者は私だ」発言。

とにかく矢継ぎ早だ。登場人物も目まぐるしく変わる。この原稿を書く前日である2月18日、安倍首相の靖国参拝を「失望」と批判したアメリカ政府を批判する映像を、衛藤晟一首相補佐官が動画サイトに投稿したとしてニュースになった。衛藤補佐官はこの動画で、米側には事前に説明していたとして「むしろ我々のほうがディスアポイントだ。米国が同盟関係の日本を何でこんなに大事にしないのか。米国はちゃんと中国にものが言えないようになりつつある」と言いながら、「あのディスアポイントは日本に対してと思うかもしれないが、それは違う。明らかに中国に対して向けて言ったにすぎないと理解している」と発言している。

うーん。よくわからない。論旨が錯綜《さくそう》している。アメリカの失望が中国に対しての言葉だと理解しているならば、衛藤補佐官がアメリカに失望する理由がわからない。「むしろ我々のほうがディスアポイントだ」の意味が宙に浮く。結論ありきで論理を語ろうとするから、こんな杜撰《ずさん》なことになる。

動画は僕も見た。靖国参拝は英霊への慰霊で国内問題であると、衛藤補佐官は何度も強調していた。

レトリックとしては安倍首相と同じ。そんなことはわかっている。中国も韓国も国のために死んだ人の霊に手を合わせること自体を批判しているわけではない。A級戦犯が合祀《ごうし》された靖国に参拝したことを問題視しているのだ。その批判に対して、「一部の戦争指導者にのみ戦争責任を押しつけた東京裁判史観は過ちであり、責任は（昭和天皇も含めて）我々日本人すべてが負わなければならない」と宣言するのであれば、これはこれで理屈は通る。でも彼らは決してそうは言わない。国民に向けて「戦争犠牲者への慰霊を中国や韓国は批判しています」的な言説ばかりを繰り返す。ならばそれは偽りだ。それもドアチャイムが鳴ったら「タクシーが来ましたよ」と言ってしまいそうなレベル。

他にも参拝の経緯について、中国とは**これ以上関係が悪くなることはない**から参拝に踏み切ったと衛藤補佐官は説明した。これもよくわからない。相手が喧嘩腰でどうにも説得できないからさらに足を踏みましたとの言い訳は成り立たない。何よりも首相補佐官という要職に就く人が、こんな形で動画サイトに投稿するという腰の軽さに驚く。

……と思っていたら翌19日（つまり今日）、発言撤回とのニュースが出た。官邸の意向を汲んだらしいが、自身の発言を取り消し、さらに動画を削除する意向を明らかにしたという。

だからやっぱり思う。言葉があまりに軽い。

国会で「最高責任者は私だ」と発言する直前に安倍首相は、椅子に座ったまま焦《じ》れたように、内閣法制局と私のどっちが偉いのか、というようなことを何度か口走った。その中継をテレビで眺めながら、小学生時代の反省会を思い出した。級長の石田くんは自分の発言中に発言しようとした副級長の山口さんに対して「級長のほうが偉いんだ」と怒鳴り、担任に「あなたは何を言っているの」と叱られていた。

40年以上も前の地方の小学校。でも民主主義はきちんと機能していた。今の国会にそれはない。安倍首相に「あなたは何を言っているの？　最高責任者であることは決定権をすべて持つことを意味しません。もしそれがイコールであるならば、それは内閣総理大臣ではなくて独裁者です。何よりもどっちが偉いとか偉くないとか、そんな感性で政治を行うべきではありません」と諭《さと》す人はいない。

そもそも日本語は、エクリチュール（書かれた言葉）よりもパロール（話された言葉）に本質がある言語と言われている。だからアーカイブという文化やシステムがどうしても定着しない。2011年に公文書管理法がようやく施行されたけれど、逆に言えば民主主義国家で、これまでこうしたシステムが存在していなかったことが異常なのだ。文書化することへの抵抗があるから議事録を残せない。すぐに破棄する。思いついたことを安易に動画サイトに投稿して、問題になったらさっさと削除を表明する。ちなみに取り調べ可視化に警察や検察がこれほどに抵抗する理由は、決して調書（エクリチュール）に重きを置いているからではなく、容疑者の供述を引き出すための手練手管《てれんてくだ》（パロール）を外部に公開したくないからだ。それはそうだろう。白を黒と言わせるためにカラスは何色だっけと訊いてそれを調書にして主語を私に修正して署名させるのだから、公にされたら困る。

ダボス会議での安倍首相の発言（日中関係を第一次世界大戦前の英独関係になぞらえて戦争の可能性を否定しなかった）は国際的な物議をかもし、例によって菅官房長官は「誤読をされた」的な言い訳をしたけれど、誤読されるような隙《すき》がある言葉を政治家は（まして一国の首相だ）使ってはならないのだ。

世界の政治家たちの名言は多い。でも日本の政治家の言葉は本当に貧相だ。官邸だけではない。首相の周辺にはそういう人たちが集まっている。籾井《もみい》勝人NHK新会長は就任記者会見で、「慰安婦はどこの国にもいた」と発言した。さすがにこの発言については保守メディアですら、あまりに無防備だとして、会長としての資質を問う論調が多かったけれど、この記者会見においてもっと深刻な籾井会長の発言は（領土問題の報道についての文脈の中から出てきた）「政府が右と言うことを左と言うわけにはいかない」だ。

メディアの重要な使命は権力監視。でも社会の集団化が加速するとき（例えば今のように）その集団の動きに棹《さお》さすことは、営利企業である一般メディアには難しい。視聴者や読者が離れてスポンサーからの収益が減少するからだ。だからこそ市場原理から解放された公共放送の存在は重要だ。政府が右と言ったのなら、それは本当に正しいのかと考察し、間違っていると思うのなら左が正しいのではと提言する。それが本来のメディアのありかただ。

この基本を新会長はまったく理解していない。そして問題になったら、やっぱり個人的な発言として撤回。そしてまた後日、経営委員会の席上で、「どこが悪いのか。素直に読めば理解できるはずだ」という趣旨の発言をして問題になっている。

言葉を使うプロフェッショナルたちが使う貧相な言葉によって、この国の社会と政治が蝕まれている。これをチェックすべきメディアも同様だ。本音で困る。心の底から怖い。彼らは善意なのだ。だから制御が効かない。憲法解釈変更は目の前だ。

「美味しんぼ」と北朝鮮

『創』2014年7月号

騒動はまだ流動的なので、書くことにはリスクがある。でもこの連載で、この騒動について触れないわけにはゆかない。

『週刊ビッグコミックスピリッツ』に連載しているコミック「美味しんぼ」の鼻血描写騒動が、いまだにいろいろな余波を引き起こしている。

現時点では最新号である25号で村山広編集長は、「編集部の見解」として「ご批判、お叱りは真摯《しんし》に受け止め、表現のあり方について今一度見直して参ります」などと述べながら、これまでの経緯説明や寄せられた批判や抗議、さらに有識者の意見なども掲載している。

でも騒動は収まらない。政治家も相次いで「理解できない」などと発言している。何となく嫌な雰囲気だ。そう思っていたら、問題となった鼻血の描写が掲載される号が発売される前に、編集部がゲラを環境省に送っていたことが発覚した。以下に朝日の記事からコピペする。

週刊ビッグコミックスピリッツ編集部が「鼻血や疲労感はひばくしたから」という登場人物の発言があある12日発売号の「美味しんぼ」のゲラ（校正刷り）を、発売11日前に環境省にメールで送っていたこ

とが同省への取材で分かった。

環境省によると、1日に編集部から「被曝が原因で鼻血が出ることがあるか」といった内容の質問が電話とメールであった。その際、12日発売号の全ページが添付されたメールも担当者に送られてきた。同省は「こちらは求めていない。具体的な内容の訂正要求もしていない」としている。質問の回答期限は7日に設定されており、7日深夜にメールで回答したという。

もしもこれが事実ならば（事実なのだろう）、鼻血云々よりもはるかに深刻な問題だ。補足するが、大きな影響が予測される内容ならば、掲載前に関係者や各団体にヒアリングをする行為自体は否定しない。ただしメディアなのだから、利害関係のある個人や組織、そして国家機関に対しては、一定のスタンスをとるべきことは当然だ。

原作の雁屋哲と作画の花咲アキラの了解を得たという可能性もあるけれど（たぶんないとは思うが）、仮にそうであっても、事前にゲラを見せちゃダメだ。仮に環境省が内容訂正を要求したとしたら、どう対応したのだろう。少なくともこの経緯については、自分たちの役割について無自覚すぎるとしか思えない。

今回の騒動のキーワードは「風評被害」だ。特に福島第一原発事故以降、「風評被害」は「不謹慎」と併せて、とてもポピュラーな言葉になった。

地震と原発事故から4カ月が過ぎた2011年8月、東海テレビは同局制作のワイドショー「別冊！ぴーかんテレビ」の放送中に、「怪しいお米　セシウムさん、怪しいお米　セシウムさん、汚染されたお米セシウムさん」というテロップを23秒間画面に表示した。もちろん事故だ。悪ふざけでスタッフが作ったリハーサル用のテロップを、そのままオンエアしてしまったらしい。事態に気づいた番組MCはすぐに謝罪したが、放送後に大きな騒動となり、スポンサーは降板し、スタッフの多くは処分され、番組は打ち切られ、社長が謝罪し、さらに検証番組も制作されて放送された。

これほど大きな騒動になった理由は、「不謹慎なテロップが風評被害を助長した」とのレトリックだ。でも東海テレビは中京ローカル局のひとつだ。ところが騒動でこのテロップが全国区になった。多くの人が、本来なら目にしないはずのテロップを見た。

つまり風評被害を問題視するならば、その後のメディア報道のほうが、どう考えても影響ははるかに大きいのだ。あるいはこの誌面で問題のテロップをコピペする森達也も、今頃になってまた風評被害を助長する一人ということになる。

でもそうした批判はほとんど生まれない。つまり風評被害だと怒っている人のほとんどは、本気で風評被害を懸念しているわけじゃない。あるいは自分ではそう思っているのかもしれないけれど、その被害について深くは考えていない。

その意味では、「風評被害」という言葉そのものは使われていないけれど、「在日特権を許さない会」に所属する市民からの訴えに端を発した『はだしのゲン』を学校図書室から撤去せよとの運動にも、似た雰囲気を感じる。「誰かがこの描写をそのまま信じこむのではないか」とか「誰かに誤読される可能性がある」との懸念だ。このロジックの主語は自分ではない。自分以外の誰かだ。だから反論しづらい。しかも具体的ではない。情報弱者への蔑視的な感情も見え隠れする。

『ビッグコミックスピリッツ』の「編集部の見解」から、もう少し本文を引用する。

震災から三年が経過しましたが、避難指示区域にふるさとを持つ方々の苦しみや、健康に不安を抱えていても「気のせい」と片付けられて自身の症状を口に出すことさえできなくなっている方々、自主避難に際し「福島の風評被害をあおる、神経質な人たち」というレッテルを貼られてバッシングを受けている方々の声を聞きます。人が住めないような危険な地区が一部存在していること、残留放射性物質による健康不安を訴える方々がいらっしゃることは事実です。

その状況を鑑みるにつけ、「少数の声だから」「因果関係がないとされているから」「他人を不安にさせるのはよくないから」といって、取材対象者の声を取り上げないのは誤りであるという雁屋哲氏の考えかたは、世に問う意義があると編集責任者として考えました。「福島産」であることを理由に検査で安全とされた食材を買ってもらえない風評被害を、小誌で繰り返し批判してきた雁屋氏にしか、この声は上げられないだろうと思い、掲載すべきと考えました。事故直後盛んになされた残留放射性物質や低線量被曝の影響についての議論や報道が激減しているなか、あらためて問題提起をしたいという思いもありました。

この宣言については、僕は全面的に賛同する。鼻血やそれ以外の身体症状を訴える声は、ネット上には多数ある。しかし国や自治体、多くの専門家は、「低線量被曝で鼻血は科学的にありえない（この述語はまさしく非科学的だ）」と否定するばかりだった。もちろん原因やメカニズムはまだわからない。

そもそも低線量被曝の影響については何もわからないに等しい。だからこそ、そうした身体症状の訴えを否定したり黙殺したりする姿勢だけではなく、直接的な利害関係のないメディアからの問題提起は重要だ。

騒動を受けて安倍首相は、「根拠のない風評に対しては国として全力を挙げて対応する必要がある」「政府として今までの伝え方で良かったのかを検証する」と発言した。さっと読み過ごしてしまいそうだが、「政府として検証する」との言いかたは、「表現に干渉する」に等しい。本当にこの人は言葉が杜撰《ずさん》だ。もちろん、海原雄山の「福島はもう住めない」などの台詞が、福島のどのエリアを具体的に示すのかなど、「美味しんぼ」の側にもいくつかの問題点や配慮の足りない要素はある。でもそれは表現として論議されるべき要素であり、少なくとも「政府が検証する」ことではない。こんなことで検閲が正当化されるのなら、それはまさしく表現への風評被害に結びつく。

それともうひとつ。今回の騒動で村山編集長と編集部が、一度たりとも「お詫びします」的な表現を使っていないことを、僕は全面的に評価する。

例えば同時期の騒動であるASKA容疑者覚せい剤疑惑。彼の逮捕を受けて、ASKA容疑者と独占契約を結んできたユニバーサルミュージックは、「今回の逮捕は決して看過できるものではなく、厳正な措置を以って臨むべきとの判断に至りました」と宣言し、CD・映像商品など全74商品の出荷停止と回収、さらに楽曲のデジタル配信停止などを発表した。

いろんな意味でありえない。そもそも無罪推定原則をまったくわかっていない。もちろん覚せい剤使用については限りなくクロに近いと僕も思うが、現状において彼はまだ容疑者だ。ならば推移を見守ることが筋なのだ。

そして何よりも、仮に彼が覚せい剤常習者だとしても、それと彼が過去に作った作品はまったく関係ない。少なくとも一昔前なら、作家や音楽家などが逮捕されたとしても、さらに裁判で有罪が確定したとしても、作品をすべて市場から抹消するなどの事態はありえなかったはずだ。百歩譲ってリスクマネジメントとするならば、その対価として最も大切なことを忘れている。その意味で、検証や反論を掲載しながらも、決して安易な謝罪はしないスピリッツ編集部の姿勢は見事だ。事前のゲラチェックだけは納得ゆかないけれど。

そろそろ字数が尽きてきたけれど、実は今回は、4月下旬に行ってきた北朝鮮について書くつもりだった。僕にとっては初めての北朝鮮。いろいろ知った。いろいろ気がついた。いろいろ自分の思い込みを修正した。

滞在中は、よど号グループが居住している施設（いわゆる日本人村）に宿泊し、彼らと文字どおり寝食を共にした。彼らが今かけられている日本人拉致疑惑についても、いろいろ聞いた。

少なくとも拉致疑惑については、彼らは無関係だと思う。いやそもそもこの疑惑そのものが、政治的なバイアスが背後に働くフィクションである可能性が高い。

その根拠は心証だけではない。ただし裁判がこれから始まる可能性もあるので詳細は書けない。次回、（もし大きなニュースがなければ）初めての北朝鮮について書くつもりだ。

中国と北朝鮮メディア考

『創』２０１４年８月号

大学の授業で、「なぜ日本のテレビではこれほどにやらせ問題が大きく報じられるのか」と中国の留学生から質問された。

「中国のテレビでもやらせ問題はあるのですか」と訊ね返す僕に、しばらく考えてから彼女は、「広東省で起きた女の子のひき逃げ事件のときにディレクターが処分されて……」と説明を始めた。

「広東省で起きた女の子のひき逃げ事件？」

訊き返す僕に、「２０１１年です」と彼女はうなずいた。「車にひき逃げされた女の子を、20人近い通行人が〝見て見ぬふり〟をして通り過ぎていく様子を、傍にあった防犯カメラが記録していた事件です。地元テレビ局が放送して、中国では大きな騒ぎになりました」

ああそれか。ならば僕もＹｏｕＴｕｂｅでその映像を見た。当時のネットではちょっとした騒動になっていて、「これが中国人の正体だ」などと罵倒する書き込みが掲示板には溢《あふ》れていた。

留学生の説明によれば、この映像が地方局のニュース番組で放送されたとき、やはり中国でも大きな騒動になり、倒れた少女を救出せずに通り過ぎた20人近くの名前や顔写真がネットで晒されて（このあたりは日本と同じだ）、「冷血」などと罵倒され、何人かは警察の取り調べも受けたという。

でもそれは自業自得。僕もネットで映像を見たときは、いくらなんでもこれは非情すぎるとあきれた。掲示板の口汚い書き込みに辟易《へきえき》はしながらも、かなり同調したことは事実だ。そう説明する僕に彼女は言った。

「あれはトリックだったんです」

「トリック?」

「放送から数週間後にそれが発覚して、ディレクターは処分されました」

でも通行人たちは一般市民だったはずだ。何をどうしたらあんなトリックが撮れるのだろう? 首をかしげる僕に別の中国人留学生が、「あの映像が撮られたときは、本当は夜なんです。それをこのディレクターは、昼間のように加工したんです」と説明した。「最初に女の子を轢《ひ》いたワゴン車の運転手はともかくとして、ほとんどの通行人は見て見ないふりじゃなくて、暗くて女の子に気づかなかったんです」

そういうことか。ならば確かにいろいろ腑《ふ》に落ちる。映像の加工としては簡単な技術だ。でも情けないことに、学生にメディア・リテラシーの必要性などを説きながら、僕もこれまですっかり騙されていた。家に帰ってからネットで検索した。今も映像はYouTubeにアップされていて、事件はウィキペディアに登録までされている。でも「トリック」については、まったく触れられていない。

ただし映像を見るかぎり、多くの通行人は、少女を避けるかのように脇を通り過ぎている。ちらりと視線を送る人もいた。仮に実際は暗いのだとしても、何かがいるとの察知くらいはしていると思う。でも積極的に確かめようとはしなかった。その意味では、広義の傍観者効果が働いている可能性はある。

念のため他のクラスの中国人留学生にも確認したけれど、「あれはトリックです」と全員が明言した。つまり中国ではその事実は定着している。でも日本でその事実は広まらない。なぜなら「中国人は冷血ではなかった」との情報を喜ばない人が（特にネットユーザーのあいだでは）ほとんどだからだ。だからあらためて思う。ネットは玉石混交と言われるけれど、結局のところ市場原理からは逃れられない。情報は一方向に淘汰され、誤ったイメージが刷り込まれる。しかもグローバルな規模で。こうした事例は、他にいくらでもあるはずだ。

イラクからの支援要請を受けたアメリカでは、空爆など具体的な手を打てないオバマ政権を、共和党が激しく批判している。ニュースを見ながらあきれる。そもそもこんな混乱を招いた最大の責任は、イラクに武力侵攻してフセイン政権を瓦解させた共和党のブッシュ政権にあるのに。

このときブッシュ政権は武力侵攻の大義を、フセイン政権が大量破壊兵器を隠し持っているからと説明したが、その確たる証拠がまだないとして、ロシアと中国、フランスやドイツは激しく反対した。でもアメリカは最終的に武力侵攻に踏み切った。ユニラテラリズム（単独主義）と批判されたけれど、本当に単独ならさすがに侵攻はしなかったはずだ。確かに国連総会では多くの国が反対したけれど、アメリカを支持する国も少しはあった。特に強く賛同を示したのはイギリス、オーストラリアとスペイン、そして日本だ。

時代は小泉政権。このときに（北朝鮮の脅威を理由に）アメリカを支持するべきと訴えた識者や大学教授の多くは、今は安倍首相の私的諮問機関である安保法制懇の主要メンバーとなって、アメリカを仮想のパートナーとして朝鮮半島有事を仮想のシチュエーションにする集団的自衛権の導入を強く主張している。驚くくらいに何も変わっていない。だって検証も反省もしていないのだから。

違和感をもう一つ。連日のようにトップニュースだった大阪西成の准看護師殺害事件の報道が、いつのまにか見事に消えている。もちろん消えた理由は、捜査の進展がないからかもしれない。ただしこの事件の報道については、当初からとても強い違和感があった。「女」との呼称だ。

報道当初から各メディアは、被害者女性と小中学校で同級生だった日系ブラジル人女性が「何らかの事情を知っているものと思われる」と得意のフレーズを使いながら、この女性を「女」と呼称した。逮捕状も出ていない。つまりまだ容疑者ですらない段階だ。ところが呼称は「女」。絶対に「女性」とアナウンスしない。だからこそ視聴者や読者は「こいつが犯人なのだろう」と刷り込まれる。

何よりも僕は、「男」と「女」などの呼称が嫌いだ。露骨な悪意が透けて見える。長男がまだ幼いころ、テレビニュースで「男」や「女」などの呼称がアナウンスされるたびに、「本当は知らない人に対してこんな言いかたをすべきじゃないんだよ」と説明していた。長男にとっては意味不明かもしれないけれど、メディアがまき散らす他者に対しての露骨な悪意に感染させることだけは防ぎたいと考えていた。

でも「ならばどうしてテレビはこんな言いかたをするの?」ともし訊かれたら、きっと答えに窮していたと思うけれど。


4月末に北朝鮮に行った。行く前は、多くの人から「拉致されないように」と心配された。そして帰国してからは、やっぱり多くの人から、「拉致されなくてよかったね」と言われた。みんな真顔。ねえ本気で言っているのと確認したくなるけれど、どうやら本気で言っているらしい。

　実際の北朝鮮に、そんな緊張感はほとんどない。北京から平壌までの飛行機の乗客は、（僕も少し驚いたけれど）半分以上が欧米からの観光客だ。みんなそわそわと嬉しそう。それはそうだ。観光だもの。ただしもちろん北朝鮮は、先軍政治をスローガンとする軍事国家だ。街には制服を着た軍人ばかり。一般市民も男性の多くは人民服。そして市内のいたるところには、金日成と金正日の肖像や銅像などが掲げられていて、衛兵が厳しい目つきで周囲を睥睨《へいげい》している。

　金日成と金正日の巨大な銅像がそびえる万寿台大記念碑に行ったとき、同行していた編集者の椎《しい》野《の》礼《れい》人《にん》が「森さん、銅像をバックに写真を撮りましょう」と提案してくれたのだけど、銅像が巨大すぎてなかなかフレームに収まらない。ならばと椎野は地面に横になって、思いきり仰角で僕と銅像を写真に撮ろうとした。その瞬間、じっと様子を見ていた二人の衛兵が、一目散に走ってきた。顔色を変えたガイドが、「早く立ってください」と叫ぶ。衛兵たちの表情は厳しい。銅像前で寝そべるなどとんでもないということらしい。拉致されるかも。でもガイドが必死に謝って、やっとその場はおさまった。だから実感した。金日成と金正日、そして金正恩は、やはりこの国では特別な位置にいる。でもこれだけをとりあげて、異常な国だとは思わない。

　かつて日本もそうだった。天皇の御真影は学校などに配置され、その前を通るときに職員や児童は、服装を正しての最敬礼を強要された。長野や沖縄の小学校が火事になって御真影が焼けたときは、校長が割腹自殺した。守ろうとして焼死した校長については、新聞は美談として大きく伝えている。直視すると目がつぶれるなどと言われていて、多くの人が信じていた。もしもその御真影の前で寝そべったりしたのなら、拘束どころか非国民として罰されて当たり前だっただろう。割腹自殺はともかくとしても、最敬礼くらいは当然のこととしていた人が大半だったはずだ。指導者への過剰な崇拝は人の属性のひとつなのだと思えば異常ではないけれど、それによって多くの人が苦しんでいるのなら見過ごすことはできない。

北朝鮮のこうした体制を支えている重要な要素はメディアだ。ネットや携帯はすべて国内限定。国外とはまったく繋がらない。つまり鎖国状態だ。一般国民にとって国外の情報は存在しない。だから比較できない。自分たちの今の位置がわからない。

今回の訪問で気づいたけれど、北朝鮮の新聞（労働新聞）には社会面がない。つまり事件報道は基本的に存在しない。これは朝鮮中央テレビのニュースも同様だ。ちなみに日本は、世界で最も事件報道の比重が大きい国のひとつだ。その弊害は大きい。これに対して北朝鮮は新聞もテレビも、伝えるニュースはほぼ（政局抜きの）政治がらみだ。政権への批判は一切ない。指導者や政策の礼賛ばかり。つまりメディアの権力監視がまったく機能していない。

その帰結として、国内における体感治安は安定している。でも北朝鮮のメディアは、自国の指導者礼賛に加えて、しきりにアメリカとその同盟国の脅威を煽る。こうして独裁体制が維持される。だから平壌の街角で考える。メディアは怖い。その負の影響は限りなく大きい。でも人類はメディアを手放せない。

ニュースの優先順位とミヒル君

『創』2014年9・10月号

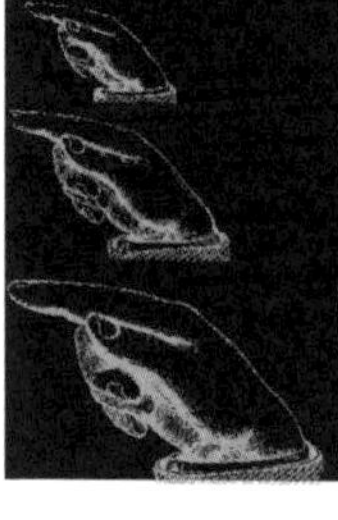

集団的自衛権をめぐる国会審議の一日目が終わった2014年7月14日夜、NHKの「ニュースウオッチ9」のトップニュースは、雷や花火の音に驚いて逃げだして行方不明になる犬が増えているとの季節ネタだった。目を疑うという常套句《じょうとうく》はもちろん知っているけれど、これまで自分の文章で使ったことはないと思う。だってあまりに常套すぎる。でもこのときは実際に、自分の目を疑った。

ニュースの優先順位を決める編集権は、もちろん番組にある。でも日本の安全保障をめぐって大きな転換が行われようとしているその日の夜に、夏は犬が行方不明になることが多いとの情報がトップニュースになることの異常さについて、この番組スタッフはどのように考えているのだろう。

ただし「ニュースウオッチ9」は、トップに季節ネタをもってくることが多い。いわばイントロだ。本格的なニュースはこの後だろう。そう自分に言い聞かせながら観続けたけれど、次のニュースは小樽のひき逃げ事故だった。

「ニュースウオッチ9」だけではない。最近は民放のニュース番組でも、なぜこれが大きなニュースになるのだろうと不思議に思うことが多い。この原稿を書いている7月25日現在、ほとんどのテレビのトップニュースは、中国の鶏肉加工問題だ。ニュース番組だけではなく各局のワイドショーでも、くりか

え し取り上げられている。どちらかといえばテレビは観ないほうだと思うけれど、食品工場の従業員が落ちた挽肉を拾う瞬間や、変色しかけた鶏肉を接写した映像などは、もう何十回も観ているような気分になる。

スタジオでは多くの評論家やコメンテーターが、こんな杜撰《ずさん》な管理で今まで健康被害を出していないことが不思議だなどと口をそろえる。確かに変色しかけた鶏肉はちょっとというか相当にまずいかも。でも何か腑《ふ》に落ちない。床に落ちた肉を拾ったり(3秒ルールから言えばセーフだ)手袋なしで作業したりすることは、これほど大きなニュースになるほどに悪質でありえないことなのだろうか。

僕の20代はアルバイト人生だった。今でいうフリーター。道路工事にキャバレーのウェイター、ビルの塗装に露店のナマズ売りまで、かなりの種類のバイトをやった。

皿洗いで雇われた老舗のすき焼き屋の厨房《ちゅうぼう》の壁には、なぜか従業員の数だけパチンコがかけられていた。何に使うかはすぐに分かった。特大のネズミが時おり現れるのだ。見つけると同時に従業員はマイパチンコを手にしてネズミを撃つ(弾に何を使っていたかは思い出せない)。滅多に当たらないけれど、当たるとネズミは下に落ちる。

調理中の鍋の中に落ちたこともある。さすがにこのときはチーフがバカヤロウ!と怒ったが、結局は茹《ゆだ》ったネズミの死体を菜箸《さいばし》で摘みあげて、その後は何事もないように鍋の中身を客に提供していた。さすがに大丈夫ですかと訊いたら、加熱したのだから問題ないと即答された。

渋谷の居酒屋で厨房の見習いをしたときは、刺身はかなり腐りかけでも大丈夫だということを学んだ。冷蔵庫に1週間ほど置かれたイカの切り身は、触るとぬるぬると糸を引いたけれど、ごしごしと指の腹で水洗いしてぬめりを取って、イカ刺しとして注文に応じていた。客が食中毒を起こしたとの記憶はない。

まあ今にして思えば、どちらもかなりぎりぎりだったし、家に帰ってから客が腹痛などを起こしていたのかもしれない。ならばアウトだ。でもいずれにしても、床に落ちた素材をさっと水洗いしてから料理に使うことなど、バイトしたほとんどの飲食店では当たり前のことだった。ゴキブリやネズミは皿や鍋のあいだを走り回っている。買ってきた野菜はまず洗わない。洗った食器をすすぐ水は何度も使いまわしているから、洗剤は絶対に残っていた。

30年以上も前のことだから、今のこの国の飲食店のモラルは、もっと向上していると考えるべきなのかもしれない。でも今も、清潔や安全を本気で求めるなら、外食ではなく家で食べたほうがいいと思っている。

かつてアメリカのマクドナルドは、屑《くず》肉を集めて水酸化アンモニウムで防腐処理をした「ピンクスライム」を使っているとして問題になり、以降は使用しないと宣言した。でも今もアメリカでは、ピンクスライムは学校給食などに使われているという。あるいはさまざまな健康被害をもたらすとして「狂った油」と呼ばれるトランス脂肪酸は、アメリカのマクドナルドでは使用中止を発表したが、日本マクドナルドは今もポテトフライに使っている。だからマクドナルドのポテトフライはなかなか腐らないらしい（試したことはないけれど）。

問題は店のレベルだけではない。モンサントの遺伝子組み換え作物やミツバチが大量死するネオニコチノイド系農薬フィプロニルは、ほぼヨーロッパからは締め出されているが、日本では規制されていない。

床に落ちた肉を加工したチキンナゲットなど、心情的に食べたくないことは当然だ。でもすぐに拾って（3秒ルールは意外にも科学的らしい）、その後に加熱したり油で揚げたりしているのならば、確かに「身体に重大な影響はない」と思う。

本当に怖いのは化学物質だ。中国の食の安全を問題視するならば、管理の杜撰《ずさん》さをあげつらうだけではなく（それは日本も同様なのだから）、過剰に投与される農薬やモヤシなどに使われている化学物質、割り箸加工における漂白剤の害など、より深刻な被害を与える要素を取り上げるべきだ。ところがそうはならない。化学物質の被害は「可視化しづらい」からだ。でも今回の鶏肉加工問題は大きなニュースになる。床に落とした肉を拾うという「わかりやすい映像がある」からだ。

中国食品工場の話題が連日のトップニュースになっていたこの時期は、イスラエル国防軍によるガザ地区への攻撃が始まっていたときでもある。犠牲になった人の数は、すでに1000人を超えている（7月26日現在）。そのほとんどはパレスチナ市民だ。特に子供が多い。明白な戦時国際法違反だ。そもそもパレスチナは軍を持たない。戦争ではなく虐殺に近い。

ところがイスラエルを強く諫《いさ》める国はほとんどない。エジプトも介入できずにいる。ならばパレスチナ市民の犠牲は増えるばかりだ。もちろん民間人を標的にするという点では、ハマスのロケット弾攻撃も同じように戦時国際法違反だ。ただしイスラエル側の市民の被害はほとんどない。あまりにも不均等だ。兵器のレベルがまったく違う。

でもニュースの扱いは小さい。中国の食品工場のニュースがトップならば、この問題のニュースは3

番目か4番目。まったく触れないニュース番組もある。だから気持ちが動かない。無慈悲で凄惨な状況が伝わらない。その結果として虐殺は進行する。衆人が目撃しながら。

国際社会が手をこまねいている理由は何か。一口には言えない。ユダヤ人差別の記憶、アブラハムの宗教が内包する近親憎悪的な感情、さらにはイギリスなどの戦後処理の過ちなど、この問題には様々な矛盾や打算が輻輳《ふくそう》している。

いずれにしてもこれ以上の殺戮《さつりく》を止めるためには、誰かが介入しなければならない。身を挺さなくてはならない。愚かなことはやめろと言わねばならない。

ユダヤ人差別の歴史を持つがゆえにヨーロッパがこの問題の介入に及び腰になるのなら、アメリカが国内のユダヤ人勢力に遠慮してイスラエルへの支援を止められないのなら、政変があったエジプトがかつてのようなイニシアチブを発揮できないのなら、ユダヤ人問題にほとんど関係のない国が、問題解決のために積極的に動くべきだ。そしてその国がアブラハムの宗教と距離があるのなら、まさしく仲介のためにはベストなポジションだ。

つまり日本。それこそが積極的平和主義だと思うのだけど。でもそんな意識は立ち上がらない。これほどに無慈悲でアンフェアな戦争が今も行われているというのに（ちなみに僕は、憲法九条は「他国の戦争に巻きこまれないために重要だ」とするレトリックが大嫌いだ）。

たった今もテレビをつけたら、やっぱり中国の食品工場の話題をワイドショーでやっている。ひな壇に座るタレントたちが、肉を拾いあげる映像を見ながら、大仰に顔をしかめている。床に落ちた肉とピンクスライムのどちらを選ぶかと言われたら、僕は床に落ちたほうを選ぶ。まあその前に、最近はそもそもマクドナルドに行かないけれど。

朝日新聞社のWEB RONZAで、ベルギー在住のコーディネーターである栗田路子からの投稿が、大きな話題になっている。WEB RONZA編集部から、この記事についての感想を書いてほしいと依頼され、思うところを書いた。その自分の文章と、きっかけになった栗田の文章の一部を以下に貼る。

栗田路子の告発「取材された難病少年も静かな怒り、日本の海外ロケの無茶」を読んだとき、まずは相当に頭が血に上った。いや頭に血が上った。こうして言い間違えるほどに腹が立った。そして恥ずかしかった。

恥ずかしいと感じた理由は、最近はすっかり縁がないとはいえ、僕もかつてはテレビで報道やドキュメンタリーの仕事をしていたし、今も完全にディレクターを引退したつもりはないからだ。つまり告発されている彼らとは同族だ。決して他人事ではない。

腹が立った理由については、あらためてここに書くまでもないだろう。あの告発を読んだならば10人中10人が、どうしようもないほどに腹が立ったはずだ。特に以下の記述については、かつてこの番組を観た人も観ていない人も、読みながら絶句するほどに怒りや嘆息が込み上げてきたのではないかと思う(まさしく僕もそうだった)。

カメラは『死の影に怯える悲壮な少年と家族』を描こうと必死だった。サッカー選手になりたいとい

う将来の夢を語らせておいて、「でも、君に未来はないよね」と声をかける。それでも涙を見せないミヒル君を、とうとう祖父の墓まで連れて行き「もうすぐ、君もここに入るんだね、大好きなおじいちゃんに会えるね」とたたみかける。

ミヒル君はこう回想する。「ぼくの目に涙が出てきたら、彼らはズームアップして撮った。その顔を後で見たけれど、それは僕の顔じゃなかった」と。

……ここまで書いてから、ちょっと待てと思わずつぶやいた。もう一度栗田の文章を読み返す。うーむ。これは困った。でも書かねばならない。栗田が挙げたこれらの手法については、ドキュメンタリーの演出として、まったく問題はない。

時おりドキュメンタリーは化学実験に似ていると思うことがある。フラスコの中に被写体（人とは限らない）を入れる。下から熱する。あるいは冷やす。あるいは多種多様な化学物質を入れる。触媒を足す。攪拌《かくはん》する。遠心分離器にかける。ガンマ線を当てる。

こうした刺戟を加えることで、被写体がどのように変化するかを観察（撮影）する。この刺激がドキュメンタリーの演出だ。時には挑発する。時には誘導する。違う場に誘い込む。後ろから背中を押す。時には先回りして追いつめる。

あるがままを撮っても作品にはならないし、あるがままを撮ることなど実質的には不可能だ。広辞苑でドキュメンタリーは「虚構を用いずに、実際の記録に基づいて作ったもの。記録文学・記録映画の類。実録。」と規定されているが、これにうなずく現場制作者は一人もいないだろう。

なぜならカメラは必ず現実に干渉する。被写体に影響を与える。現実を撮ったなどと気軽に口にする人がいるけれど、それはあくまでもカメラや撮影者の存在によって変容した現実だ。観察することで素粒子は振舞いを変えるとするハイゼンベルグの定理（正確には観察者効果）は、ドキュメンタリーにおいても重要な原則だ。影響を与えない撮り方なら盗み撮りや群衆シーンがあるが、それは言ってみれば監視カメラの映像であって、あくまでも作品を構成するカット群の中の一要素でしかない。

時には撮影者や監督自らがフラスコの中に入ることもある。そして変化する被写体に自らが刺激を受ける。その変化がまた新たな刺激となる。こうして撮影する側の作為と撮影される側の反応や作為が縦糸と横糸になって、ドキュメンタリーというタペストリーは紡《つむ》がれる。繰り返すが、それはありのままの現実などでは断じてない。現実の破片を要素に撮る側が再構成した世界観の表明だ。そもそも作為のない作品など論理矛盾だ。そこに作為がないのなら、編集はワンカットもできない。

ドキュメンタリーは時として人を傷つける。鬼畜の所業だと思うことがある。少なくとも穏やかな人格者には撮れない。監督やディレクターがエゴイスティックでファナティックであればあるほど、作品は面白くなる。そして僕のこの定義に従えば、サッカー選手になりたいという将来の夢を語らせてから、「でも、君に未来はないよね」と声をかけることや、祖父の墓まで連れて行って「もうすぐ、君もここに入るんだね」とたたみかけることに、手法としては何の問題もない。

これはドキュメンタリーだけではなく、ジャーナリズムの領域を想定すればもっとわかりやすい。疑惑の政治家にインタビューを申し込む。聞きたいことはひとつだが、いきなりその質問をすれば警戒される。だから答えを誘導する。あるいは答えねばならない状況に追い込む。インタビューの場所を設定する。嘘をつけない状況に追い詰める。怒らせる。泣かせる。手法としては何の問題もない。

でも僕は腹が立った。許せないと思った。理由は二つある。ひとつは純正な感覚だ。倫理や生理と言ってもいい。実際に死を間近にした少年を被写体に選びながら、「君に未来はないよね」とか「君ももうすぐ墓に入るね」などと声をかける行為は、ドキュメンタリーの演出や手法以前に、人として許されることではない。崖の縁にいる被写体の背中を押すならば、押すだけの覚悟を持たねばならない。鬼畜であることを自覚せねばならない。断言するけれど、このディレクターにその自覚はない。あるならばこんな言葉は安易に出てこない。もしも僕がスタッフとしてその場にいたならば、絶対に撮影を止めるだろう。いやもしかしたらディレクターを殴るかもしれない。理屈ではない。鬼畜には鬼畜なりの矜持がある。倫理や道徳を踏みにじることがあるにしても、絶対に譲れない一線がある。それはロジックではない。感覚だ。

もう一つの理由は、そのドキュメンタリーを撮ることの目的だ。作為と言ってもいい。それがあって初めて、ドキュメンタリーの演出は正当性を付与される。でも（栗田の記述からの推測だけど）このテレビ番組のディレクターには、そんな目的はない。あるとするならば、「死の影に怯える悲壮な少年と家族」という構図を強調することだ。なぜ強調するのか。視聴率が上がるからだ。評判になるからだ。

それは作為ではない。あくまでも副次的な目的だ。決してテーマにはなりえない。

ドキュメンタリーは表現行為だ。作為があることが前提なのだ。ところが公正中立不偏不党をドグマとするテレビは、そんな表現をなかなか許容しない。作為を求めない。代わりに要求されるのは、きちんと秒数までも規定された完全パッケージとしての商品だ。

そんな環境でドキュメンタリーが自由に呼吸し続けることは難しい。実際にこの国のテレビ・ドキュメンタリーは、テレビ局が大企業となる過程と並行するように、急激に窒息して衰退の道をたどってきた。本質的には表現行為なのだから、そもそも営利企業であるテレビとは相性が悪くて当たり前だ。ただし栗田も述べるように、今の日本のテレビ番組のほとんどは、下請けの制作会社や外部から派遣されたスタッフによって制作されている。折からの不況で制作費はどんどん下落している。でも局からはこれまでと同じような水準を要求される。とても不遇な状況であることは理解する。とはいえ、やはり正当化はできない。看過するにはレベルが低すぎる。ディレクターとスタッフたちは猛省をしてほしい。もっと本音を言えば、もうドキュメンタリーの領域には近づかないでほしい。

ドキュメンタリーはテレビとは相性が悪いと書いたけれど、相性が悪くても交際はできる。苦しい環境に置かれながら、必死に歯を食いしばって良質な作品を作っている制作者は少なくない。多くの制約や規制や圧力に抗いながら格闘しているテレビ・ドキュメンタリストを、僕は何人も知っている。

特にテレビ・メディアが公正中立や客観性を理由に社会や政治に対しての批評性を失いつつある現状において、テレビ・ドキュメンタリーの存在意義は（皮肉なことだけど）かつてないほどに高まり続けている。

だから最後に、これを読むあなたにお願いする。テレビ・ドキュメンタリーを見放さないでほしい。観るべき価値のない作品は確かに多い。でもすべてではない。観るべき作品も絶対に存在しているのだから。

朝日新聞「池上問題」謝罪とは

『創』2014年11月号

紆余曲折《うよきょくせつ》の果てにようやく掲載された池上彰のコラム「慰安婦報道検証〜訂正、遅きに失したのでは」を2014年9月4日付の朝日新聞で読んだとき、この掲載をいったんは拒否した朝日上層部の見識をまずは疑った。

ただし新聞や雑誌などの活字媒体が誰かの原稿掲載を断ることは、まったく珍しいことではない。それは編集権の範疇《はんちゅう》だ。でも連載の場合は少し意味と手順が違う。新聞や雑誌はまずは修正を求めるはずだ。それに応じるかどうかは書き手次第。特に池上の連載は、「新聞斜め読み」との連載タイトルが示すように、自紙も含めて新聞全般への批判がテーマだったはずだ。ならば掲載を拒否することの説明責任も当然ながら派生する。

少なくとも池上のコラムは、どこをどう読んでもまったく問題ない。実際にオピニオン面の責任者は、「この掲載を拒絶すべきではない」と必死に上層部に食い下がったと仄聞《そくぶん》している。自社に対しての批判を載せないというのであれば、それはジャーナリズムではなくメディアの論理だ。

米軍によるイラク侵攻の際にバクダッドからほぼすべてのメインストリーム・メディアの記者やカメラマンが消えたことが示すように（欧米のメディアは当たり前のようにとどまっていた）、日本の新聞社やテレビ局は、メディア（企業）の論理がジャーナリズム（個人）の論理よりも強い。だから危機管理やコンプライアンスが最優先される。優先順位の上位に位置するのはリスク回避。火中の栗を拾うなどとんでもない。今回の朝日の掲載拒否騒動も、結局はその体質が現れている。それは大前提にしながらも、池上の批判を読み終えて、ある一点にだけ強い違和感を持ったことも事実だ。

8月5・6日付の朝日の慰安婦検証記事について、評価と批判を織り交ぜながら池上は、「過ちは潔く認め、謝罪する。これは国と国との関係であっても、新聞記者のモラルとしても、同じことではないでしょうか」とコラムを結んでいる。また本文中には、「お詫びがなければ、試みは台無しです」との記述もある。

そうだろうか。

こういうときにこれ見よがしに海外のメディアを引き合いにすべきではないとは思うけれど、朝日新聞が提携する米紙ニューヨーク・タイムズには「Corrections」というスペースがあって、過去の記事の過ちや間違いを、記者の実名なども含めて提示している。訂正や修正だけではなく「Corrections」は、記者の裏取りが足りなかったとかニュースソースの選定に過ちがあったとか社内のチェック体制に不備があったなど、間違えたその理由や背景なども、しっかりと明記する。

ただしそこに、謝罪のニュアンスはほとんどない。

言葉で謝罪はしないけれど、間違えた過程や理由、記者の名前などは公開する。そして処分も行い公表する。この姿勢はニューヨーク・タイムズだけではない。1980年にワシントン・ポストは、8歳のヘロイン常習少年についてのルポ「Jimmy's World」をジャネット・クック記者の署名記事として掲載し、大きな反響を呼んで翌年のピュリッツァー賞を受賞した。しかしジミーが架空の存在（つまりクック記者の捏造《ねつぞう》）であることが疑われたとき、ワシントン・ポストは5回にわたって検証記事を掲載し、最終的にクック記者本人も功名心にかられて嘘の記事を書いたことを認め、取材源やソースを確認するルールが特ダネを期待する社の雰囲気によって機能しなかった過程やメカニズムなども公開された。

新聞（メディア）は間違える。あるいはスクープや功名心に駆られて記事を捏造する。ニューヨーク・タイムズやワシントン・ポストはこれを隠さない。日本の感覚からすると開き直っているのではと思いたくなるくらいに、間違いを堂々と公開する。リスクヘッジやコンプライアンスなどメディアの論理よりも、誤りや不正はすべて（記者やデスクの固有名詞も含めて）さらけだすというジャーナリズムの論理が優先しているからだ。

だから新聞を読む読者は、メディアも時には間違えたり虚偽を報道したりするのだというリテラシーを持つことができる。（ただしもちろん、ニューヨーク・タイムズやワシントン・ポストなどのクオリティペーパーを読まない人もたくさんいる）。これは想像だけど、謝罪の強要はメディアを萎縮させるとの意識も働いているのだろう。

池上が指摘するように、朝日が慰安婦報道について、間違いを認めるタイミングがあまりに遅すぎたことは確かだ。ならば朝日は8月5・6日付の検証記事で、間違えた理由だけではなく、訂正が遅れた理由も検証して開示すべきだった。なぜ遅れたのか。誰がどう指示をしたのか。あるいは指示をしなかったのか。どんな力学が社内で働いたのか。これらの対応について責任ある人はいま、どのように弁明するのか。

とにかく徹底して自己開示する。間違えたり捏造したりした過程と背景を細部まで公開する。そこまでしなくとももと言いたくなるくらいにさらけだす。これがメディアの謝罪なのだ。

誰かに迷惑をかけたら謝る。確かにそれは社会の常識でありルールだ。でもその規範を、そのままメディアに当て嵌《は》めるべきではない。

なぜならメディアの過ちは、取り返しのつかない事態を招く可能性がある。例えばかつてこの国を覆った戦争翼賛報道。ルワンダの大量虐殺に結びついたラジオ放送。あるいはイラク侵攻直前に米国のメディアが繰り広げたイラク大量破壊兵器保持の報道。すべて多くの人の犠牲につながった。他にもいくらでも事例はある。メディアの間違いは時として、とてつもない被害に結びつく。多くの人が傷つく。死ぬ。いまさら言葉で「ごめんなさい」とか「申し訳ない」などと言われても困る。謝罪の言葉などで追いつくはずがない。

メディアが身に刻むべきは、「もしも間違えた場合は謝罪をする」的な規範ではなく、「謝罪など追いつかないほどに取り返しのつかない加害行為を自分たちは誰かに与えてしまう可能性がある」との自覚なのだ。

「間違えたら謝罪する」は、やっぱりメディア（組織）の論理だ。つまりリスクヘッジの一環。でも（もう一度書くけれど）メディアは組織の論理だけではなく、ジャーナリズム（個）の論理をも保持しなければならない。その狭間《はざま》で軋《きし》まなければならない。

だから歯を食いしばって開示する。間違えた理由や背景を。責任の所在を明らかにして、これを公開する。

朝日を叩く他紙のほぼすべては、かつては朝日と同様に吉田証言をベースにした記事を何度も掲載していた。その証言が虚偽であるとの可能性を示したのは読売と産経。でもその際にも、自社の報道の検証はしていないし、もちろん謝罪もしていない。

つまり本来なら朝日を叩けるはずがないのだ。あるいは叩くのなら、自社の報道への検証を優先すべきだろう。そのうえで批判すればよい。

ここで少しだけ話が飛ぶ。僕の肩書がテレビ・ディレクターから映画監督に変わった理由は、フジテレビで放送する予定だったオウムのドキュメンタリーの制作中止を言い渡されたことをきっかけにしている。結果としてそのときに撮影していた映像は、テレビ・ドキュメンタリーではなく自主製作映画『A』として完成した。

フジテレビと（僕が所属していた）共同テレビジョンが撮影中止を言い渡してきた背景には、坂本弁護士一家殺害事件に結果的には連鎖してしまったTBS問題がある。このとき他のメディアは、とにかくTBSを激しく批判した。でもTBSを叩きながら多くのメディア（特にテレビ）は、「我々も何かが発覚したら叩かれる」と内心は思っていたはずだ。だってオウムについての報道が常軌を逸していたことは、他のメディアも同様なのだ。

こうして萎縮が始まる。それまではメディアにおいてキラーコンテンツだったオウムは、一気に取扱注意となった。僕にオウムのドキュメンタリーの制作中止を言い渡すとき、共同テレビジョンの当時の制作部長は、「TBSの教訓があるのだから、オウム信者のドキュメンタリーなど簡単に放送などできるはずがない」というような趣旨のことを言った。他にもこの時期、他局で進めていたオウムについての取材や撮影が中止になったと耳にしたことがある。

ＴＢＳを叩いた帰結として多くの取材は中断され、今も「闇」などの言葉で形容されるように、オウム事件への解明は中途半端になってしまった。

そして今も朝日叩きで、メディアは同じことを繰り返している。いや正確には、同じことではない。従軍慰安婦問題だけではなく特定秘密保護法や集団的自衛権など政権の意向に異を唱え続けてきた朝日へのバッシングは、権力の意向に逆らうと叩かれる的なイメージを喚起する。ならばこれからは、権力監視はさらに萎縮するはずだ。

これは私見だけど、この常軌を逸したバッシングの背景には、従軍慰安婦を語るときに必ず付いて回ったフェミニズム的な視点に対しての鬱憤や報復的な要素もあるのかもしれない。そう解釈でもしないかぎり、説明できないほどに異常な叩きかただ。

念を押すが、朝日の慰安婦記事の検証は、まったく徹底していない。それは批判されて仕方がない。しかも訂正が遅れた理由や背景も開示していない。これではダメだ。

でもこれに対して、謝罪の言葉がないとの詰め寄りかたは、結局はメディアを萎縮させるばかりだ。その帰結として権力や民意への従属度が強化される。それは（国民にとって）さらに大きな不利益を派生する。

サンデー・ジャポンと百田と朝日

『創』2015年1月号

日曜の朝は毎週、ＴＢＳの「サンデーモーニング」をちらちら見ながら朝の支度《したく》をする。その日のテーマによってはＮＨＫの「日曜討論」と交互に観るけれど、エンディング前のコーナー「風を読む」は毎回着眼がとても秀逸なので、できるだけ観るようにしている。

その後に「サンデー・ジャポン」が始まる。リモコンを手にボリュームを3つほど下げる。そのままだと部屋中が音の洪水になるからだ。

今の日本で最も面白い芸人は「江頭2：50」を別格にすれば「サンドウィッチマン」（ＹｏｕＴｕｂｅはすべて観た）だと思うけれど、この番組のＭＣである「爆笑問題」も（ぎりぎりの毒があって）大好きだ。この日の「サンデー・ジャポン」は、夫を青酸化合物で殺害した容疑で逮捕された妻の話題で始まった。

この段階で妻は起訴もされていない。つまり容疑段階だ。不起訴ということも充分にありえる。まずは大前提として、こうした事件の立件は難しい。仄聞《そくぶん》した範囲では、彼女が結婚してから逝去《せいきょ》した男性7人のうち5人は、病死として既に処理されている。つまり証拠はほとんど残されていない。残りの2件について、警察はどれほどの情報を得ているのだろうか。青酸化合物を容疑者はどのように入手できたのだろうか、その情報も今のところは警察にしかわからない。いやそもそも警察が情報を入手できているかどうかもわからない。

ところがひな壇に並ぶコメンテーターやゲストたちの発言は、妻が犯人であることが前提になってしまっている。彼女が逮捕前にテレビの取材に応じたインタビュー映像（モザイクなし）を見ながら女性タレントが、殺しておきながらこういうことを平気で言えることが怖いなどというようなことを口にする。テレビでよく目にする弁護士もスタジオにいた。周囲のこんな発言を聞きながら、どうしてこの人はニヤニヤ笑っていられるのだろう。

袴田巖さんが初めて任意同行で取り調べを受けたことを報じた1966年8月18日付の毎日新聞の記事を、以下に引用する。今回の京都の事件と同様に、この段階で袴田さんはまだ容疑者だ。しかし記事の見出しは「不敵なうす笑い」で始まっている。

奪った金は二十万余円という。この金ほしさに、働き盛りの夫妻と将来ある中学生の長男、高校生の二女をまるで虫けらのように殺している。心理学者の言葉を借りれば「良心不在、情操欠乏の動物型」とでもいうのだろうが、動物にも愛情はある。その片りんを持ち合わせていないのだから、「悪魔のような」とはこんな人間をいうのだろう。（略）袴田はとても常人のモノサシではかりしれない異常性格者である。残虐な手口、状況証拠をつきつけられても、ガンとして二十日間も口を割らなかったしぶとさ。（略）彼の特色といえば、情操が欠け、一片の良心も持ち合わせていないが、知能だけは正常に発達していることである。

（毎日新聞静岡支局長　佐々木武雄）

事件について何も知識がないとき、自分がこの記事を読んだとして、袴田さんに対してどんな感情を抱くだろうと想像してほしい。同様に今回の京都の事件についても、「殺しておきながらこういうことを平気で言えることが怖い」などというようなことをテレビで聞いたなら、多くの人はどのように思うだろうかと考えてほしい。

もちろん結果として、京都の容疑者が有罪になる可能性もある。冤罪などと主張するつもりはまったくない。僕が言いたいのは、デュープロセス（司法手続きの適正さ）が担保されていないことに加え、無罪推定原則は欠片《かけら》も働いていないということだ。

たまたま目についた「サンデー・ジャパン」を挙げたけれど、これから他のワイドショーや週刊誌などで、この事件は旺盛に消費されるはずだ。なぜなら（特にテレビにとっては）使えるインタビュー映像がたっぷりある。

つまり市場原理。なまじ映像を提供してしまったがゆえに、彼女はメディアにハイエナのように食い散らされる。とにかく目的は視聴率。他の雑念がほとんどないというのなら、それはそれで（多少の皮肉を込めながら）ある意味ですがすがしい。映画『エイリアン』で未知の怪物の襲撃におびえる宇宙船のクルーたちに、すべてを知るアンドロイドが「あれは食欲しかない純粋な化け物だ」的なことを言っていたことを思いだす。だから迷いがない。強い。ぶれない。

でも実際のメディアはエイリアンのように純粋ではない。時おりとても不自然だ。

百田尚樹が上梓したばかりの大ベストセラー『殉愛』について、ネットメディアやスポーツ紙の一部などで、多くの疑惑が取りざたされている。僕はこの『殉愛』を読んでいない。これからも読むことはないだろう。だから内容についてはよくわからない。そもそも興味もない。

そして新聞・テレビなどがこの話題を取り上げないことについて、「ネットの噂レベルは取り上げるに値しない」と判断しているならば、少なくとも間違いではないと思う。そもそもノンフィクションやドキュメンタリーにおける「やらせ」や「捏造」の見定めは難しい。結局は表現行為なのだから、ノンフィクション（虚構が存在しない）表現などありえない。ちなみに僕の肩書は一時よく、「ノンフィクション作家」などと書かれていた。「虚構がない」作品を「作る」人。明らかな論理矛盾だ。

だから騒動勃発時に、メディアが安易にこの話題に飛びつかなかったことは、姿勢としては間違っていない。でも刊行と同時に『殉愛』はベストセラーになった。百田は多くのテレビ番組に出演して作品が紹介された。さらに遺族が出版差し止め訴訟を起こしたのだから、これはもう立派な社会現象であり事件でもある。

ところがメインストリーム・メディアはもちろん、ほとんどの週刊誌なども今のところは、いっさいこの話題に触れない。少なくとも僕は目にしていない。

朝日の従軍慰安婦と吉田調書問題については、まさしく鬼の首をとったように大はしゃぎで朝日を叩き続けた『週刊文春』と『週刊新潮』も、現段階においては沈黙している。

あれほどに朝日を叩き続けて安倍自民党にエールを送った『週刊文春』の最新号は、「血税700億投入でなぜ今？『大義なき解散』全内幕」の特集見出しで、与野党の政治家たちをスキャンダラスに批判している。そこにはもちろん品位はない。節度もない。でも週刊誌的ジャーナリズムとしては、実に見事にその形を、『週刊文春』は示している。イデオロギーやモラルなど気にしない。とにかく売れればよい。話題になればそれに飛びつく。やはりこれもある意味ですがすがしい。

ところが『殉愛』疑惑についてはまったく触れない。それはやはり不自然だ。何らかのバイアスが働いているとしか思えない。ベストセラー作家だろうが利害関係があろうが、そのスキャンダルが話題になるのなら取材して記事にする。抗議など気にしない。その姿勢が貫徹できていない。ならば結局は、ご都合主義の日和見エイリアンだ。

その朝日バッシングについてだが、常軌を逸したバッシングを繰り広げた保守論壇誌や新聞などは、さすがにそろそろ「真っ白に燃えつきた」矢吹丈の状態になりつつあるようだ。

結局のところ朝日を叩いて何が残ったのだろう。数日前にたまたま会った産経新聞社会部の記者に「部数は伸びましたか」と訊いたら、「まったく変わりません。朝日から東京新聞に替わった人はいたかもしれませんが。新聞全体の部数はまた落ちたでしょうね」と力なく笑っていた。

そもそもこの朝日叩きは論外。では百歩譲ってこれほどヒステリックではない批判ならば、そこに理はあるのだろうか。

朝日が吉田証言を実名で肯定的に取り上げた最後の記事は、1992年8月13日付朝刊に掲載されている。そして産経新聞が最後に吉田証言を肯定的に実名で報じたのは、1993年9月1日付だ。記事中に「疑問の声も」と書かれてはいるが、「被害証言がなくとも、それで強制連行がなかったともいえない。吉田さんが、証言者として重要なかぎを握っていることは確かだ」と報じている。念を押すが、これは朝日じゃなくて産経の記事だ。そして読売は、1992年8月15日付夕刊が最後の掲載だ。

つまり三紙の中で、吉田氏の実名を挙げながら証言を肯定的に報じる記事の掲載を最初にやめたのは、読売や産経ではなく朝日なのだ（ただし1997年2月7日付朝日朝刊の「声」欄に、吉田証言を肯定的に捉えた投書が載っているが）。

いずれにせよ五十歩百歩であることは断定していいだろう。ならばなぜ朝日だけが、「国益を損ねた」とか「日本を貶めた」などと罵倒されるのだろう。自分のところは記事の掲載数が少ないから？　それは子供の論理だ。おそらく読売や産経の記者たちは、自分たちの慰安婦報道を読み返してもいないのだろう。

太郎君と二郎君と三郎君は、三人とも嘘ばかりついています。でもある日、太郎君と二郎君がいきなり、三郎君を「嘘つき」「非国民」「売国奴」などと言って激しくいじめ始めました。あわてて担任の先生が事情を訊くと、太郎君と二郎君は「だって三郎は16回も嘘をついたけれど、僕たちは12回と13回しか嘘をついていないもん」と言いました。

そんな中で北海道新聞11月17日朝刊が、過去に吉田証言を報じた自社記事について、「検証が遅れ、記事をそのままにしてきたことを読者の皆さまにおわびし、記事を取り消します」と謝罪した。おそらくいくつかの地方紙もこれに続くだろう。でもあれほどに朝日を謝罪しないと罵倒した読売と産経は、今さら謝罪できないはずだ。

だから読売と産経の記者に訊きたい。北海道新聞の謝罪はあなたたちも記事にしているけれど、どんな思いでその記事を書いたのかと。

彼らを救いたい

『創』2015年3月号

2014年12月、金正恩暗殺を描いた映画『ザ・インタビュー』の上映中止を決めた米ソニー・ピクチャーズ・エンタテインメント（SPE）に対して、オバマ大統領は「上映中止の決定は間違っている」「独裁国家がアメリカに検閲を強いるような状況を受け入れることはできない」と公式に発言した。たかがB級コメディ映画（それも伝え聞くところによれば相当に出来が悪い）の上映中止に対して、一国の大統領がこれほどムキになる。さすがはアメリカだ。ならば日本はどうか。ドキュメンタリー映画『靖国』や『ザ・コーヴ』など、上映中止問題はこれまでに何度かあったけれど、首相がこれについて発言するなどありえない。

力任せで粗野で俺様で独善的でいろいろ問題ばかりの国だけど、言論や表現の自由については、さすがに筋金入りだ。絶対に譲らない。もしも北朝鮮がオバマを暗殺する映画を作って世界に配給したとしても、アメリカは当然のように国内で上映するだろうし、オバマも「誰もが映画を製作できるし、誰もが観る権利がある」と発言するだろう。

かつて『靖国』や『ザ・コーヴ』は、反日映画としてさんざん叩かれて上映中止運動が起きた。でもこの二つがもしも反日映画ならば、僕の『A』や『A2』も立派な反日映画になるはずだ。他にもいくらでもある（具体的な作品名を列挙しようかと思ったけれど、あまりに多すぎるのでやめた）。

政府やベトナム戦争を批判する作品が主軸だったアメリカン・ニューシネマは言うに及ばず、オリバー・ストーンやマイケル・ムーアの作品は明らかに反米映画だ。でも上映中止などありえない。ブッシュ政権を徹底的に批判する『アバター』や『フェア・ゲーム』は、アメリカ国内でも高い評価を受けている。戦後ドイツで製作されたナチス関連の映画に対して、ドイツのイメージを傷つけるとして上映中止運動が起きただろうか。

映画は主張なのだ。批評性は必ず帯びる。反日であるかどうかと上映する価値の関連を議論すること自体が、そもそも大きな間違いだ。ならばなぜ『靖国』と『ザ・コーヴ』は標的にされたのか。監督が日本人ではないからだ。だから脊髄《せきずい》反射で上映中止を呼びかける。こんな恥ずかしい国は世界中どこにもない。国益云々と声を張り上げる人に言いたい。国益がもしも国のイメージならば、あなたがたのほうがよほど国益を害している。

そんなことを考えながら『創』1月号の原稿を書きかけていたら、年末年始は増刊号にするので一回休みとの連絡が編集部から来ていたことを思いだした。さらに年が明けてからは、パリでイスラム過激派によるシャルリー・エブド襲撃事件が起きた。

フランスではパリ解放以来と言われるほど大規模な市民デモが行われ、多くの人が「私はシャルリー」と書かれたボードを手にしながら、テロへの抗議を表明した。各国首脳がパリに集まり、デモ隊の先頭を行進しながら、表現の自由が暴力に屈してはならないと世界に訴えた。ちなみにこのパフォーマンスが実のところフェイクだったことは、翌日に英インデペンデント紙がスクープしている。首脳たちはパリの街角で手を組んだのではなく、厳重に警備された通りの一角で、群衆に扮したSPや警官たちを後ろに腕を組んだのだ。でも日本のメディアはこの事実を伝えていない。だからほとんどの人は、各国首脳たちがパリでデモに参加したと信じている。まあでもそこに目くじらを立てるつもりはない。普通に考えれば首脳たちがあれほど無防備に街のデモに加わるはずがない。それはそれとしても、彼らが訴える「表現の自由」については、とても強い違和感があった。

シャルリー・エブド（とこれを応援する市民たち）が訴える「表現の自由」の方向は、『ザ・インタビュー』は絶対に公開されるべきと訴えたオバマ大統領の方向とは違う。微妙な違いではない。向きがまったく違う。

表現の自由とは、これを規制して抑圧する国家権力や政治システムに対して行使されるべき概念だ。その表現によって傷つく人がいるのなら（つまりその方向が弱者に向かうのなら）、無制限に行使されるべきではない。

今回だけではない。シャルリー・エブドは過去にも、陶然とした表情で男性とキスをするムハンマドのイラストまで掲載している。とても低レベルの揶揄《やゆ》であり中傷だ。明らかに風刺の一線を超えている。

そもそもは、その姿形すら安易に描いてはいけないとの教義があるのだ。ならばこのイラストは、彼らの信仰を二重の意味で踏みにじっている。知り合いのムスリムは、自分の父親や母親が公衆の面前で罵倒され嘲笑されていることを想像してくださいと僕に言った。ムハンマドとは一心同体でもある敬虔《けいけん》なムスリムなら、自分が汚されたように感じるはずだ。

もちろんIS（イスラム国）やアルカイダを批判や風刺することは、絶対に制限されるべきではない。

でもムハンマドが同性愛者だなどと揶揄する方向は批判ではない。それはヘイトスピーチだ。そもそもイスラムとISやアルカイダは同一ではない。

在特会の下劣な罵声に耐えかねた在日コリアンの男性が、ナイフを手にデモ隊に突入して複数を殺傷したとする。もちろん彼は裁かれて刑事罰を受ける。それは当たり前。ところが事件後、多くの日本国民が「私は在特会」と書いたプラカードを手に「表現の自由を守れ」とデモで往来を練り歩く。いまフランスで起こっていることは、要はそういうことなのだけど。

シャルリー・エブドの幹部はテロ後に、次号もムハンマドの顔のイラストを表紙に使うことを発表しながら「これはユーモアだ」と発言した。それは違う。ここにエスプリの要素は欠片《かけら》もない。相手に伝わらないのなら、それはユーモアではない。イジメだ。そもそもパリに集まった各国指導者たちは、自国で表現の自由を抑圧していないのだろうか。顔ぶれを見ると首をひねりたくなる人ばかりだ。

年が明けて早々に、コンビニの商品に爪楊枝《つまようじ》を入れたり万引きをしたりしている動画をネット上に投稿して逃亡していた少年が逮捕された。

その一報が、突然テレビの速報テロップで流れたときには（たまたまテレビを観ていたので）、本当に驚いた。ほとんど重大事件だ。彼はいったい何をしたのだろう。

逮捕前の容疑は窃盗。ところが逮捕後に発表された容疑は建造物侵入。動画で爪楊枝を刺したり万引きしたりしたとされていた商品は、結局はコンビニに少年が持ち込んだものだった。つまり窃盗容疑は消えた。だから苦し紛れに、購買以外の目的でコンビニに立ち入ったから建造物侵入との容疑にした。

要するに完全な別件逮捕だ。地下鉄サリン事件直後にはオウム信者が、この手法で大量に逮捕されている。最終的には偽計（威力）業務妨害あたりで立件するのだろうけれど、コンビニで立ち読みしただけで逮捕されることもあり得る社会になっているということを、僕たちはもっと意識すべきだ。

これら三つの要素で今月号のコラムの文字数は充分に達するだろうと考えていたら、2日前、ＩＳ（イスラム国）に二人の日本人男性が拘束されて巨額の身代金を要求されていることが明らかになった。この原稿を書いている日時は1月22日。ＩＳが指定してきた期限まではまだ一日ある。でも息苦しい。とても嫌な感じだ。２００４年にイラクで日本人青年が武装勢力によって殺害されたときもそうだった。斬首されたとの情報をネット上で目にしながら、何もできない自分が本当に悔しかった。切なかった。この国全体が何かを間違えている。それも根本的な間違いだ。そして声をあげない自分も、まさしくこの国の集合的無意識の一要素なのだ。

絶対に殺させたくない。救いたい。だから考える。そのために何をすべきなのか。何を言うべきなのか。

ＩＳがネットに上げた映像「日本政府と国民へのメッセージ」の中で、ナイフを手にした黒づくめの男は、「日本の首相へ。日本はＩＳから８５００キロも離れていながら、自発的に十字軍に参加した」「日本国民に告ぐ。おまえたちの政府は、ＩＳと戦うのに2億ドル支払うという愚かな決定をした。日本人の命を救うのに2億ドル支払うという賢明な判断をするよう政府に迫る時間が72時間ある」などと主張している。

この声明を額面通りに受け取れば、今回の声明のきっかけは、このときに行われていた安倍首相の「中東外交」であるということになる。

だから不思議になる。フランスのテロの衝撃がまだおさまらないこの時期に、なぜ安倍首相は中東4カ国を訪問したのだろう。以前からのスケジュールだったというのなら、時期をずらすなどの判断はできなかったのか。

しかもカイロでは、「ISの脅威を食い止めるために2億ドルを支援する」と表明している。さらにはパリのテロ犯がユダヤ系のスーパーマーケットをターゲットにしたことからもわかるように、アラブ世界にとってはほぼ天敵のような存在であるイスラエルを訪問し、ネタニヤフ首相と握手を交わしながら日本とイスラエルの連携を強調している。

さらに（ニュースや報道ではとてもあっさりと触れられているが）、11月の段階で後藤健二さんの家族に、ISから身代金の要求があったという。ならば官邸がこの事実を知らなかったことはありえない。

もちろんこの時期には、極秘裏に人質解放のための交渉を続けていたと思いたいが、ならばなおのこと、なぜテロ直後のこの時期に、ISと激しく敵対する国ばかりを訪問し、連携の強化や対テロのための支援を表明しなければならなかったのだろう。もしも11月の段階で政府が本気で交渉していたのなら、この段階では身代金の金額も桁違いに低かったのだから、二人は帰国できたはずだ。その努力をしないまま、なぜわざわざ火に油を注ぐのだろう。結局のところは財界46社の要人を引き連れて4カ国に総額2900億円の支援を約束し、その結果として二人の日本人男性の命を危機的状況に陥れている。

この事態を予測しないで中東訪問したのなら、政治についての脳細胞が枯渇しているとしか思えない。

そしてもしも、予測しながらも中東訪問を強行したのなら、それは政権の別の狙いをも浮上させる。つまり国民の不安や恐怖感情を煽ることで、集団的自衛権行使のための法整備が必要だとの雰囲気を作り出すことだ。

……後者の仮説については、あまりに恐ろしい。いくらなんでもそこまで非情とは思いたくない。

気になるのはメディアだ。主要メディアは二人が拘束されていたことを知っていたとの情報がある。もちろん仮に知っていたとしても、迂闊《うかつ》に報道して政府の交渉に水を差してはいけないとの配慮があったのなら、それは理解する。でもならば、中東訪問に対しては「なぜテロ後のこの時期に」と反対すべきではなかったのか。秘密保護法の影響が現れているのだろうか。いやそれ以前の問題なのだろうか。

思いは錯綜《さくそう》する。とにかく二人を救いたい。ネットではまた自己責任論が浮上している。さらにＩＳが公開した二人の動画をフォトショップで加工したコラージュ画像を投稿する人たちがいる。少しだけ見た。胸が悪くなる。この映像にはＩＳも反応し、関係者と思われる人物が「日本人はずいぶん楽観的だな。だが我々は世界のいたるところに兵士を持っている。２人の人質を処刑した後にお前たちの顔を見てみたいものだ」とツイートし、さらにアルジャジーラは日本で起きているこの現象とコラージュ画像を、世界に向けて報道した。

国益大好きなメディアに言いたい。これこそ日本の誇りを傷つけているのではないか。そして国益とは国民の命も入っているならば（そうだよね）、どうして官邸の一連の行動を批判しないのか。とにかく二人を救いたい。救出された笑顔を見たい。

その判断ができるのは政府だけど、メディアにはその政府を動かす力があるはずだ。期限はあと数時間。間に合わないのでここで編集部に送信する。

トドを撃つなよ

『創』2015年4月号

タマちゃんを食べようと思う。知り合いの知り合いに、北海道でトドを撃っている猟師がいる。彼に来てもらって村田銃で眉間を一発。その後は川岸でバーベキューだ。イヌイットたちはアザラシを生で食べるけど、長く生活排水に浸かっていたタマちゃんの場合は、やはり火を通したほうが無難だろう。誰かがやるだろうと思っていたけれど、誰もやらないようなので僕がやる。（中略）

念を押すけれど、沿岸に打ち上げられた鯨の救出劇をテレビで眺めながらハンバーガーをぱくつく僕らの矛盾や身勝手さを、全否定する気は僕にはない。化粧品や医薬品、洗剤や衣料品など化学物質が含有されるあらゆる商品には、開発するその過程で動物実験が義務づけられている。要するに僕たちの日常は、夥しい数の他の生命を犠牲にしないことには成り立たない。（中略）世界には今も、飢餓や殺戮が蔓延している。過剰な善意や一方向だけへのヒューマニズムが、他の生命や営みへの想像力を停止させ、思考の麻痺へと発展するのなら、今のアメリカと何も変わらない。動物は人一倍好きなほうだ。だからこそ歯を食いしばってでも食べる。身勝手さを自覚するために。訳のわからない事態をこれ以上起こさないために。

だからタマちゃん。お願いだから早く逃げてくれ。頭のおかしい自称映画監督が、バーベキューセットを川岸に持ってくるその前に。

ここまでは朝日新聞2003年5月8日朝刊に寄稿した「タマちゃんを食べる会」の引用だ。この文章は他誌の連載で以前にも引用している。いわば使い回し。でも今回これを引用した理由は、この記事が掲載されたとき、読者からトドの缶詰セットが送られてきたことを思いだしたからだ。漁師だったかトドを駆除する猟師だったかは覚えていないけれど、とにかくその男性は、毎日のようにタマちゃんの報道がテレビで流れているとき、とても辛い思いをしていたという。でもこの記事で救われた。だから是非この缶詰を食してほしいとのことだった。缶詰は大和煮だった。複雑な気分で一缶だけ食べたけれど、決して美味しいものではなかったように記憶している。

ならばなぜ、僕はトドの缶詰が送られてきたことを思いだしたのか。2014年11月14日、千葉県山武市の九十九里浜に漂着したトドをめぐってのニュースを見たからだ。

報道によれば、骨が浮き出るほど痩《や》せて満身創痍《そうい》の傷を負っていたトドは、すぐに保護されて同県鴨川市の水族館「鴨川シーワールド」にトラックで運ばれた。幸せを願ってサチと命名されたトドは順調に回復し、数日前にようやく一般展示の水槽に移されて、訪れた親子連れなどから「がんばれ」とか「よかったね」などと声援を受けているという。

もちろんこれは心温まるニュース。意味なく水を差すほどひねくれてはいない。でも缶詰セットが物語るように、トドは北海道では漁業関係者から「海のギャング」と呼ばれて、駆除の対象とされている動物だ。特に1960年代には、航空自衛隊のF‐86戦闘機による機銃掃射や、陸上自衛隊の12・7㎜

重機関銃M2、7・62㎜小銃M1などによる実弾射撃などが行われていたという。

この2行はウィキペディアのトドの項目に掲載されていた情報がソースだ。マウスを操作しながらうなる。いくらなんでも機銃掃射はないだろう。ウィキペディアは信用できない。他でチェックすべきかもしれない。そう思いながら久しぶりにウィキペディアで「森達也」を検索した。まあ嘘は書かれていない。ほぼ事実だ。ただし一面的。もしも原始人が現代のパーティ会場にタイムスリップして5分ほどその様子を見てから再び200万年前に戻ったとして、生まれて初めて見てきたビール瓶について、どのように仲間に語るだろう。黒くて重そうだったと言うかもしれない。下から見れば丸かったと言うかもしれないし、横から見れば短い棒のようだと説明するかもしれない。傾ければ泡立った液体が出てきたと言うかもしれないし、多くの人がとても大事そうに抱えていたと説明するかもしれない。

属性のどこをとりあげるかでイメージはまったく変わる。その意味でウィキペディアの記述は、嘘ではないが相当に悪意がある。何でそんな見方をするのかなと嘆息したくなる。

……いつのまにか脱線した。でも脱線しているあいだにネットでチェックした。過去の新聞記事などでも、かつてトドは自衛隊の協力を受けて駆除していたなどの記述は相当数見つかった。ならば事実なのだろう。

とにかくトドは現在も、毎年数百頭単位で駆除されている。トド肉の缶詰は千歳空港の土産物屋などでも売られている。でもそこから飛行機で1時間とちょっとの千葉では、トドはサチと呼ばれてみんなから大事にされている。

ある意味で当たり前。人は身勝手な生きものだ。しかも映像に大きく刺激される。たまたま視界に入れば、過剰に感情移入して善意で包囲したくなる。でも視界に入らなければ、どれほど悲惨な状況であることを情報として読んだり聞いたりしたとしても、結局は気持ちが動かない。自分の日常を最優先する

2015年2月18日、アジアプレス、JVJA、新聞労連、『創』編集部が主催したシンポジウム「後藤健二さんの死を悼み、戦争と報道について考える——日本人拘束事件とジャーナリズムに問われたもの」が、文京区民ホールで行われた。少しだけ早めに会場に着いた僕は、観客の何人かから「なぜ湯川さんの名前が今日のタイトルにはないのか」と質問された。

思わず考え込む。この日のシンポジウムは、ジャーナリストによる危険な地域への取材と事件がジャーナリズムに与えた影響を考えることがテーマなので、民間軍事会社を経営しようとしていたとされる湯川さんの存在が文脈的に入りづらいというのが、まずは順当な答えだろう。でもそれだけじゃない。だってこのシンポジウムだけではなく一般のメディアも、そして社会全般も、後藤さんに比べれば湯川さんに対して冷淡だったことは確かだ。後藤さんが湯川さんを救出しようとして犠牲になったなどの要素はいくつかあるが、それを差し引いても、確かにバランスは悪いと僕も感じる。

そうなってしまう理由は単純だ。要するに湯川さんの経歴やモティベーションが、後藤さんに比べればわかりづらいのだ。だから感情移入がしづらい。

そう書くと、それはずいぶん身も蓋《ふた》もないじゃないかと思われるかもしれない。僕もそう思う。確かに身も蓋もない。そしてそれが人間なのだ。

湯川さんと後藤さんが拘束されていることがわかってから殺害されるまでのあいだも、無慈悲な殺戮

は世界規模で起きている。ウクライナでも、イラクやシリアでも、アフガニスタンでも、大きくは報道されないだけで、自爆テロは毎日のように起きているし、ＩＳへの空爆だって相当数の民間人が犠牲になっている。戦争や虐殺やテロだけではない。アフリカでは餓死者もいる。日本国内だって殺人事件は起きているし、自殺や交通事故は絶え間ない。でも僕たちは、湯川さんと後藤さんを救えと必死になる。あたかも九十九里浜に漂着したトドを救えというように。

敬愛するフォークシンガー友川カズキの「トドを殺すな」の歌詞を、以下に引用する。

（ＭＣ）可哀想なトドと可哀想な人間に唄います

北海道の空と海の蒼
かき分けるように生きてゆく動物達
役に立てば善だってさ
役に立たなきゃ悪だってさ
誰が断を下したんだよ

トドを殺すな
トドを殺すな
俺達みんなトドだぜ

おい　撃つなよ
おい　撃つなよ
おいおい　俺を撃つなよ（以下略）
作詞作曲　友川カズキ

ここまでの記述で、後藤さんや湯川さんをトドに喩《たと》えるのかと不愉快に思う人はいるかもしれない。ならば言う。価値はともかくとして命が尊いことは同様だ。救うためには最善を尽くす。それは当たり前のこと。

でも同時に重要なことは、僕たちのこの善意は、とてもアンバランスで身勝手であると自覚することだ。

その自覚があれば後ろめたさが生じる。負い目が思索へと繋がる。その自覚がなければ、善意は正義となる。正義は硬直する。肥大して視界狭窄《きょうさく》する。そして多くの人を苦しめる。

ヨルダンのパイロットが生きたまま焼死させられた。あまりに惨い。でも同時に考えるべき。有志連合によるＩＳ空爆の際には、多くの市民が瓦礫《がれき》の中で、生きたまま火に包まれて死んでいる。それは日々起きている。そこにカメラがないだけだ。

視界に入ったから感情移入する。それは当たり前。でも特に今のメディアにとって大切なことは、多くの人が視界に入れようとしないことを、如何に伝えるかだ。如何に知らせるかだ。

特異性と普遍性

『創』2015年5・6月号

明日（2015年3月12日）からしばらくイギリスに滞在する。マンチェスターとオックスフォード、エジンバラとシェフィールドなどイギリスのいくつかの大学が連携して開催するオウム20年のシンポジウムに参加するためだ。

期間中は各大学で『A』『A2』の上映も行われる。ヨーロッパだけではなくアメリカやオーストラリアなどからも、宗教と暴力、テロと社会などを専門にする研究者が集結すると聞いている。

依頼のメールが届いたのは昨年7月。ちょうど20年の節目を迎える3月20日に日本にいなくてよいのだろうかと一瞬だけ逡巡したが、日本にいてもどうせ意味ある議論は期待できないだろうと考えて承諾した。

この連載の締め切りは毎月20日過ぎ。書くには少し早いのだが、イギリスで原稿を書く時間を確保できない可能性もあるので、今の段階でメディアについて思うことを書く。

まず挙げたいのは、オウム20年ではなく、川崎の中一少年殺害事件についてだ。この事件の報道は、発生当時はそれほど大きな扱いではなかったはずだ。10代の少年が仲間に殺害された。痛ましい事件であることは前提としても、事件そのものに特異性はほとんどない。

ところが日を追うごとに、メディアの扱いが大きくなった。言い換えれば社会の関心が強くなった。気がつけば連日のようにテレビではトップニュースで、新聞では捜査の進展があるたびに一面掲載だ。例によって『週刊新潮』は容疑者の少年の顔写真や名前を掲載したが、その理由を「事件の残虐性と社会に与えた影響の大きさ、そして主犯格とされる18歳の少年の経歴などを総合的に勘案し」と宣言している。確かに残虐な事件だ。でも例外として扱わねばならないほどに残虐性が強い事件なのだろうか。以下は3月7日付の朝日新聞デジタルからの引用だ。

「寒くて、痛かったね」「助けてあげたかった」。川崎市川崎区の多摩川河川敷で殺害された中学1年の上村遼太さん(13)の身元が判明して2週間。現場には今も花束や手紙を供え、涙を流し、祈りを捧げる人々の姿が見られる。

上村さんが大好きだったバスケットボール。天国で食べたり遊んだりするためのお菓子やプラモデル。裸で放置された上村さんに暖かくしてほしいと、ダウンジャケットや毛布、使い捨てカイロも。鎮魂の思いを込めた供え物の山は、日に日に大きくなっている。（以下略）

記事の後半にも、殺害現場を訪れた多くの人たちの声が掲載されている。書くまでもないが（といいながら書いてしまう理由は僕がチキンだからだ）、手を合わせて花を手向ける人たちを批判するつもりなどまったくない。ただし違和感は強い。なぜこれほどに日本中の人たちが、この事件に感情移入するのだろう。2月27日の衆院予算委員会で安倍首相は、「大変ショックを受けている。希望に胸をふくらませていた尊い命が無残に奪われた。防ぐことはできなかったのか」と語った。国会で触れることだろうか。さらに同日、稲田朋美政調会長（当時）は川崎事件に言及しながら、「犯罪予防の観点から、今の少年法のあり方でいいのかはこれからの課題になる。少年が加害者であった場合、名前は伏せられ、通常の刑事裁判とは違う取り扱いを受けるが、（少年犯罪は）非常に凶悪化している」と述べた。

何を根拠に少年犯罪は凶悪化しているなどと断定できるのだろう。そもそも少年事件の数は急激に減少している。日本は世界でもトップクラスで少年犯罪が少ない国だ。少年法を変える必要などまったくない。世相に媚《こ》びているとしか思えない。

被害者への感情移入は、当然ながら加害者への憎悪を肥大させる。ネットでは（これも例によって）加害少年に死刑を求める署名運動が始まっている。「ひとごとではない」との思いはもっともだが、でも「ひとごとではない」と思うべき事件は今もたくさん起きているのに、なぜこの事件への眼差しだけが、これほどに過熱するのだろう。

理由は簡単だ。報道された被害少年の写真が、とても幼気《いたいけ》で愛くるしかったからだ。書きながら自分でも、あまりに身も蓋もないと思う。でもそれが現実だ。実際に僕も少年の写真を見て、加害者への強い怒りを抱いた。

前回で書いたISによるカサースベ中尉の処刑映像が世界に与えた影響と共通するが、多くの人は映像に激しく反応する。論理ではなく感情を刺激されるからだ。そしてその傾向が、ネットなど映像メディアの発達で急激に強くなっている。こうして事件の特異性ばかりが強調される。なぜなら視聴者や読者は、事件の普遍性ではなく特異性に反応するからだ。

特異性など探せばいくらでもある。大切なことは普遍性のほうに、より濃厚に充填《じゅうてん》されているのに。

この2月20日、オウム事件最後の被告とされる高橋克也の裁判に証人として出廷した井上嘉浩は、「地下鉄サリン事件は『宗教戦争が起こる』とする麻原の予言を成就させるために事件を起こしたと思った」と証言した。

述語である「起こしたと思った」のニュアンスが今一つわかりづらいが、いずれにせよ麻原彰晃被告の法廷で証言した「間近に迫った強制捜査をかわすために麻原が専用車両のリムジン内で側近たちにサリンを撒《ま》くことを指示した」との事実を、井上はまたもや自ら覆したことになる。

ならばこのリムジン謀議を柱にして共謀共同正犯を成立させた麻原判決は無効ではないかとの視点が、メディアから提示されてもよいはずだ。でも（僕の知るかぎり）どこからもあがらない。実のところ井上がリムジン謀議を自ら否定したことはこれが初めてではないのだが、これまでもそんな声は聞いたことがない。

そもそも高橋の法廷だけではなく、死刑が確定した多くの信者たちを証人として訊問した平田信や菊地直子の法廷にも、なぜ最大のキーパーソンである麻原を証人として呼ばないのか。そうした疑問も目にしたことはない。

もちろんリムジン謀議が否定されたからといって、麻原が無罪である（指示をしていない）と短絡するつもりはない。指示はあっただろう。ただしそのメカニズムを、絶対的な独裁者が狂信的に服従する側近たちに下したと考えるなら、それは子供向けヒーロー漫画に登場する悪の結社のストーリーだ。

事件の背景に駆動する麻原と側近たちの関係には、相互作用的な忖度《そんたく》が強く働いていたと僕は推測する。そしてこの構造は、ナチスドイツのホロコーストやクメール・ルージュの虐殺、あるいは文化大革命や大日本帝国の御前会議などにも共通する。

つまりとても普遍的な構造だ。

どんな事件や現象にも普遍性と特異性がある。でも大事件であればあるほど、社会は特異性に強く反応し、メディアもそればかりを強調する。こうして普遍性が抜け落ちて特異性ばかりが語り伝えられ、加害者は理解不能なモンスターとして造形され、事件の本質やメカニズムがわからなくなる。オウム事件はその典型だ。

忘れている人は多いが、麻原法廷には二審も三審もない。戦後最大級の事件の首謀者とされる男の法廷は、一審だけで死刑が確定した。そして一審の最中に精神が混濁した麻原は、ほとんど意味ある発言をしていない。

つまりオウム事件の根幹は何も明らかにされていない。

麻原法廷が一審だけで終わってしまった要因のもうひとつは、一審弁護団に対して「いたずらに裁判を引き延ばしている」との批判が噴きあがったこともあるだろう。でも一審で審理された事件の数は13で、殺害されたとされる人の総数は27人だ。ところが審理期間は7年と10カ月。長いどころかむしろ短い。

ところが誰もそう発想しない。早く吊るせとの怨嗟の声が社会に満ちる。誰も反駁《はんばく》できない。

犯人は捕まえたけれど動機がわからない。ならば不安や恐怖が燻《くすぶ》り続けることは当然だ。その帰結として社会は変質する。それを一言にすれば「集団化」だ。不安や恐怖が燻り続けることで、人は一人でいることが怖くなる。多くの人と連帯したくなる。その帰結として社会は相転移を起こす。

だから考えねばならない。なぜオウムはサリンを撒いたのか。なぜ麻原はそれを指示したのか（僕は側近たちとの相互作用だと思っている）。でも結局この社会は、その考察を放棄した。

20年が過ぎるのに、メディアは相変わらず不安や恐怖を煽る特集や特番ばかり。特に目についたのは、公安調査庁が発表するデータを根拠に、アレフなどの団体の信者数が急激に増えている（危険性が増大している）との指摘だ。ほとんどの新聞やニュースは、臆面もなくこれを伝えている。

でもここにはトリックがある。公安調査庁が発表するのは入信した信者数だけなのだ。脱会した信者数は発表しない。家計簿でも支出は書かずに収入だけを書けば、際限なく増えることは当たり前。実際にはこの数年、信者数はほぼ横這いだ。特に急激に増加したと報道された2014年は、1214名から1196名（いずれも2月1日時点）へと減少している。

高度なトリックではない。中学生でも指摘できるはずだ。でもメディアは気づかない。あるいは気づいても気づかないふりをしている。こうして20年が過ぎる。僕はイギリスで嘆息するばかりだ。

『絶歌』に思うこと

『創』2015年8月号

2015年6月11日は札幌。札幌弁護士会が主催するシンポジウム「集団的自衛権と安保法制の目的とは」に参加するためだ。任された基調講演のタイトルは「すべての戦争は自衛意識から始まる」。ダイヤモンド社の新刊のタイトルそのままだけど、今はこのフレーズを何度でも強調したい。

国会審議が始まる直前に安倍首相は記者会見で、「アルジェリア、シリア、そしてチュニジアで日本人がテロの犠牲となりました」「北朝鮮の数百発もの弾道ミサイルは日本の大半を射程に入れている」「自衛隊機のスクランブルの回数が10年前と比べて実に7倍に増えています」などと、安全保障関連法を変えねばならない理由を説明した。

アルジェリアとシリア、そしてチュニジアと実例を挙げながら、後藤さんと湯川さんが犠牲になったはずのＩＳ（イスラム国）の名を出さない理由は何だろう。そしてなぜ大手メディアは、最大の脅威であるはずのＩＳが抜けていますよと指摘しないのだろう。

この国の殺人事件数は毎年のように戦後最少を更新している。ところが体感治安は悪化する一方だ。だから厳罰化が進行してセキュリティ意識が高揚する。実在しない危機におびえる人々の自衛意識は高揚し、法や制度を内側から変えてゆく。

コップに水を注ぎ続ければ、やがて水はコップの外に溢れる。同様に国全体に広がった危機意識（不安や恐怖）は、やがて飽和し、拉致問題や尖閣騒動などをきっかけに、国外へと溢れだした。つまり仮想敵国の出現だ。ここに日本の戦後を否定することを理念とする為政者たちが重なった。

国民の生命と安全を守りぬくと言いながら、つい数カ月前も2人の命を現政権は見殺しにした（決して過剰な表現ではないと思う）。だから政権としては、この話題について触れたくなくて当たり前だ。問題はこれを追及しないメディアだ。

安倍首相が会見で触れた個々の事例について反証しよう。北朝鮮の弾道ミサイルについては、そもそも個別的自衛権で対応できる。ロケット弾（ミサイル）の被害規模を、多くの人は着弾すれば東京が火の海になるなどと思っているようだが、通常火薬を搭載した弾道ミサイルの威力は、実際にはそれほど大きくない。北朝鮮は過去に韓国に対して、「ソウルを火の海にする」などと何度も挑発している。でも韓国は基本的には黙殺する。現時点においては脅しであることを知っているからだ。ところがこれを横で聞いていた日本が過剰に反応して、これを理由に国の根幹のシステムである安全保障政策や法や制度を変えようとしている。ならば、これこそが「テロに屈する（暴力に脅えて政治的目的を達成させてしまう）」ことになるのではないだろうか。

確かにスクランブルの回数は、戦後最少である2004年に比較すれば7倍弱に増えたけれど、冷戦期には現在とほぼ同じかそれを上回る回数のスクランブルが毎年記録されていた。そのほとんどの原因は旧ソ連の戦闘機だ。この時代には旧ソ連の核ミサイル（SS20）は何十発も日本（の米軍基地）に照準を定めていた。ぎりぎり最悪の事態を回避したキューバ危機も含めて、いつ世界戦争が起きてもおかしくはなかった。今よりもはるかに国際関係は緊張していた。

でも日本の安全保障体制は変わらなかった。変えなければいけないと主張する人もほとんどいなかった。その帰結として現在の繁栄と平和がある。

そもそも、冷戦期以降はずっと緩やかに減少し続けていたスクランブルが急増したのは2013年だ。つまり第二次安倍政権以降、自分たちで増やしておいて、増えたから法や制度を変えようとする。これをマッチポンプという。

衆院予算委員会の集中審議で安倍首相は、3人の憲法学者が安全保障関連法成立への動きを「憲法違反」と指摘したことについて、「国際情勢に目をつぶって従来の（憲法）解釈に固執するのは政治家としての責任の放棄だ」「我が国の近隣にたくさんの弾道ミサイルを持った国があり、大量破壊兵器、核兵器を載せる能力を開発している」と述べた。やはり主張は変わらない。そもそも北朝鮮は（弾道ミサイルに）「核兵器を載せる能力を開発している」は事実ではない。

ここまでを書きながら、ある意味で感心する。違憲だと指摘されれば合憲と唱える憲法学者はいっぱいいると反論する。いっぱいいを具体的に挙げてくださいと求められれば数の問題ではないと答えてから、集団的自衛についてては砂川判決で合憲と最高裁は判断したと続ける。砂川判決は集団的自衛権については触れていないと指摘されれば、憲法解釈にこだわるべきではないほどに国際情勢は悪化していると言い返す。ほとんど小学生の論理だ。

札幌のシンポジウムの基調講演では、そんなことを話した。終わってからは弁護士たちと打ち上げ。勧められて飲んだ日本酒がきりっと辛口で美味しかった。

6月20日、死刑廃止団体フォーラム90とアムネスティなどが主催する勉強会に呼ばれる。赤坂の港合同法律事務所の会議室。他のゲストは安田好弘弁護士と松本麗華。テーマはもちろん麻原彰晃だ。『止まった時計 麻原彰晃の三女・アーチャリーの手記』を刊行した松本麗華は麻原彰晃の三女。そして安田弁護士は逮捕後の麻原に最も長く接見して話をした弁護士だ。僕が麻原を見たのはあとにも先にも2004年の一審判決公判の一度だけ。だから二人の話を聞くことに専念した。

逮捕前の麻原が、家族に対して死にたいと何度も洩らしていたとの話は驚いた。でもそういえば（『A3』にも書いたけれど）、最も近くにいた側近の一人である中川智正も、94年くらいから麻原の精神状態がかなり悪化していたなどと言っていた。

時おりメールのやりとりはしてきたけれど、アーチャリーと会って話すのは久しぶりだった。この日はトーク以外にも大きな収穫があった。

2001年に『A2』は山形ドキュメンタリー映画祭でプレミアム上映された。このときに会場で観た人たちは、アーチャリーが登場するシークエンスを目撃している。でもその後にいろいろあって、一般上映が始まるときにはそのシークエンスは封印した。

そのシークエンスが復活する。つまり『A2』完全版の上映だ。新作の上映と連動する形にしたかったけれど、今のところ新作の公開の目途は立っていない。だからこの10月の京都映画祭で、まずは『A2』完全版を上映する。

最後に、いま大きな騒動になっている『絶歌』について書く。

民放テレビのワイドショーなどでは、「もう少年法に守られる歳ではないのに自分の名前をいまだに隠すことが許せない」と発言するコメンテーターが複数いる。

心情的には、僕も名前を出してほしかったと思う。でもその場合、ひっそりと暮らす彼の両親や兄弟への影響は小さくないはずだ。それほど簡単なことではない。

何よりも「もう少年法に守られる歳ではない」は、「未成熟な時期に起こした犯罪によって、その後の更生の機会を妨げられることを防止する」という少年法の意味と理由を、決定的に取り違えている。

出版前に被害者遺族の了承を得るべきだったと多くの人は主張する。了承を得ることができないのなら出すべきではないと言う人もいる。

確かに知らせるべきだったと僕も思う。何も聞かされていなければ、遺族としては騙し討ちにあったような気分になることは当然だ。了承をとれるかどうかは別にして、その努力はすべきだった。

ただしこれを出版の条件にするならば違う。

被害者や遺族の思いに、可能な限り配慮することは当然だ。でも可能な限りだ。遺族を傷つけないことを最優先するならば（つまり被害者や遺族を絶対的な聖域に置いてしまうなら）、戦争や災害なども、すべて描けなくなる。通常の報道すらできなくなる。だって遺族の多くはニュースや記事を見て、さらに傷つくはずだ。表現や報道に関わる人ならば、配慮や斟酌《しんしゃく》に限界があることは知っているはずだ。だから軋《きし》む。歯を食いしばりながら考えてきたはずじゃなかったのか。

もしも被害を受けた側の意向を最優先するならば、『A』や『A2』は上映できなくなる。ホロコーストに加担したナチス兵士の証言は封殺すべきだし、エノラゲイ乗務員の今の思いは報道すべきではないし、中国で民間人を虐殺した日本兵の告白は無視すべきということになる。遺族は傷つけるべきではないとの方向がさらに進めば、ホロコーストそのものが表現できなくなるし、ピカソの「ゲルニカ」は国連会議場から取り外さねばならないし、丸木位里・俊が描いた原爆や水俣の絵も封印しなくてはならなくなる。

加害側の声は封殺する。ならばそれは、歴史を修正することと何が違うのか。

報道や表現には必ず副作用がある。加害性も絶対に払拭できない。出版すべきではないとか回収せよなどの主張は違う。それは多数派の民意を理由にした焚書なのだから。

取り返しのつかない転換

『創』2015年11月号

安全保障法案が可決された2015年9月18日、僕は翌年春公開予定の新作ドキュメンタリー映画『FAKE』の編集作業の真最中だった。

まだ完全にクランクアップはしていないが、映画祭なども視野に入れれば、この段階である程度の編集をしておきたい。さらには、ある意味でラビリンスのような作品なので、残された撮影のためにも、これまでの撮影素材を確認しておきたい。

そんなことを考えながら編集作業を続けていたけれど、参院特別委員会で強行採決が行われた夕刻以降、国会前に行きたいとの思いが募ってきた。

もちろん、自分がデモに参加したところで、状況は何も変わらない。でもあの場に身を置きたい。声をあげたい。しっかりと記憶したい。戦後日本にとって、それほどの大転換の夜なのだから。

これまでの人生で、デモに参加したことは一度もない。ただし、撮ったり書いたりしたことは何度もある。それが自分の役割なのだと思っていた。原発再稼働や秘密保護法など、強く反対の意思を持てば持つほど、今の自分がやるべきことはデモに参加することではなく、一人でも多くの人にこの状況を伝えることなのだと考えていた。

でも今回はその意識を保てない。それほどに大きくて取り返しのつかない転換を、この国は迎えようとしている。

もちろん国や社会の転換という意味では、1995年の地下鉄サリン事件や2011年の東日本大震災の影響力は、より大きかった。ただしこの二つは、社会にとってある意味で不可抗力だ。でも今回は違う。反対の声がもっともっと大きくなれば、押しとどめることができるかもしれない。だってこの11法案が可決されることで破壊されるのは、この国が70年間守り続けた平和主義だけではなく、立憲主義と民主主義、そして主権在民の大原則だ。

必要以上に大げさな語彙《ごい》を使うつもりはないが、戦後のこの国の歴史が大きく転換する。すぐに戦争状態になるとか徴兵制が始まるなどと考えているわけではない。でも外形的に急激な転換はしなくても、この法案が成立すれば、この国は戦後守り続けてきた大切な要素をいくつも失うとの予感がある。

そんな思いが高じて、今回は何度かデモに参加した。声をあげた。同じようにやむにやまれぬ思いで声をあげる多くの人に会った。乳飲み子を抱えた若い母親は怒っていた。戦中生まれの老人は悲しみに天を仰いでいた。若い世代も必死だった。

本当に最後の正念場である18日に、よりによって家にいる自分が腹立たしい。

だからこの夜、編集機の横にノートパソコンを置いて、ネットの国会中継を聞きながら、編集作業を続けていた。

でも、これには無理があった。二つの機器から出る声が混雑するのだ。映画『FAKE』の編集作業をしながら、気がつけば議員たちの声を頭の中で編集している。

ただし野党議員たちの声は、ほとんど編集する必要がない。枝野幸男議員はため息が出るほどに理路整然と、この法案や安倍政権の不当性を指摘した。同じく民主党の福山哲郎議員の怒りの弁舌には、強く共感しながら圧倒された。小西博之議員の主張にはずっと聞き入ってしまった。維新の小野次郎議員の主張は、抑制されながらも的確で鋭かった。さんざん聞きなれていたはずの共産党の小池晃議員の語り口も、悲壮な覚悟が前面に漲《みなぎ》っていて素晴らしかった。

討論だけではない。例えばさんざん批判された山本太郎議員のパフォーマンス。僕は最大限に評価する。牛歩は少数野党に残された正当な戦略だ。

でも議場では与党議員の失笑や口汚い野次が飛び交っていた。おそらくネットの掲示板やSNSでは、もっと下劣な書き込みが増殖していたはずだ。でも山本議員は臆《おく》さない。採決のたびに牛歩を繰り返す。

与党議員たちの主張の説得力のなさは、（僕の思想や信条を差し引いても）やはり際立っていたと思う。理由は明らかだ。法案反対の意見を訴える議員たちは、一人称である「自分」を主語にしている。でも法案が正当であると述べる与党議員たちの主語は、三人称である「党」なのだ。ならば述語が変わる。迫力が違って当たり前だ。

採決前討論で壇上に立った公明党の谷合正明議員に訊きたい。もしも自民と連立していなければ、当然ながらこの法案に対して公明党は、野党として反対していたはずだ。あなたはそのときも、「安保法制は憲法九条で許される専守防衛の原理の中に入っている」と主張できるのだろうか。「違憲立法との批判はまったく当たらない」と、胸を張って言えるのだろうか。

書きながら空しい。そもそも自民が選挙で圧勝した段階で、今回の事態は予想できた。でも国会審議をテレビやネットで眺めながら、デモに参加しながら、ひょっとしたら状況を覆すことができるかもしれないと、微《かす》かな希望を持ち始めていた。

だってこの国会審議で、野党は与党からいくつアウトを取っただろう。10や20じゃきかない。凡ミスやオウンゴールも含めて、数えきれないほどのアウトが宣告されたはずだ。

自分たちが推薦した憲法学者から違憲だと指摘されれば、合憲と唱える憲法学者はいっぱいいると反論する。いっぱいいを具体的に挙げてくださいと求められれば、数の問題ではないと答えてから、集団的自衛権については砂川判決で合憲と最高裁は判断したと続ける。砂川判決は集団的自衛権については触れていないと指摘されれば、憲法解釈にこだわるべきではないほどに国際情勢は悪化していると言い返す。存立危機事態の具体例として挙げたホルムズ海の機雷掃海や米艦による邦人輸送については、国会終盤であっさりと自分たちで否定する。つまり具体例が消えた。でも何もなかったかのように試合（審議）は続く。

そういえば70年談話発表の後にNHKニュースに出演した安倍首相は、例によって日本をとりまく脅威を何度も強調しながら、具体的な国名は口にするべきではないと発言した。それはそれで正しい。ところがその数分後に中国と北朝鮮の国名を脅威の対象としてあっさりと口にして、さすがにこのときはテレビを見ながら悶絶《もんぜつ》した。この瞬間にアウトが宣告されるべきだ。言っていることが二転三転していますと指摘されるべきだ。でもキャスターも政治部記者も、何も聞かなかったかのようにスルーしていた。

法案成立前から自衛隊は、成立を前提とした行動を米軍ととっていた。アーミテージ・ナイレポートが、安倍首相の一連の主張とほぼ重複している（つまりレポートのとおりに発言している）ことも明確になった。原発再稼働を訴えるとき、ベースロード電源という聞きなれない言葉を自民党は使ったけれど、そのまま（base load electricity）アーミテージ・ナイレポートに書かれている。要するに直訳だ。中国を仮想敵国とすることも、しっかりと記述されていた。そもそもアメリカ議会で「夏までに成立させます」などと約束した段階で、この国の主権はどこにあるのかとアウト宣告がなされていたはずだ。

とっくにゲームセットのはずなのに、チェンジすらしないまま試合は続く。いくつアウトがカウントされようと事態は変わらない。

何よりも、日本を包囲する安全保障環境は、劇的な悪化などしていない。冷戦期を思い出してほしい。すぐ横の朝鮮半島では国を分断する大きな戦争が起きて、アメリカと中国が兵を送り込んで大規模な戦争へと拡大した。キューバ危機の際には世界中が、核兵器による第三次世界大戦を覚悟した。同時期に旧ソ連の核ミサイル（ＳＳ20）は、何十発も日本の米軍基地に照準を定めていた。近年は自衛隊機スクランブルの数が急激に増えたと安倍首相は強調したけれど、冷戦期は今よりもはるかに多かった（そもそも増えたのも第二次安倍政権以降だ）。

でもその時代、安全保障環境が悪化しているから憲法を変えようとか集団的自衛権を行使できるようにしようなどと、この国では誰も言わなかった。発想すらしなかった。その帰結として現在の平和と繁栄がある。ところがその記憶が継承されていない。安全保障環境が悪化していると言われれば、誰もが鵜呑《うの》みにして浮足立っている。

つまりオウムによって刺激された不安と恐怖の後遺症が体感治安の悪化幻想となり、20年が経過して国外に溢れだし、国の形を変えてしまった。

もちろん闘いはまだ続く。まずは2016年の参院選。違憲訴訟もある。デモだって終わらない。

でも危惧するのは、この国の人たちの記憶する力の弱さだ。特に今回は、今すぐ戦争が始まるとか徴兵制が間近だなどと一部の人が煽《あお》ったこともあって、その反動が怖い。

戦争はすぐには始まらないし、近代戦に徴兵制は必要ない。ただし空気は間違いなく変わる。ところがこの国の人たちは環境に馴致《じゅんち》されやすい。結局は何も起きないじゃないかと現状を肯定してしまう人は、決して少なくないはずだ。こうして座標軸が変わる。

ちなみに安倍首相は、「徴兵制は苦役を禁じる憲法に違反するからありえない」とのレトリックを使うが、ここに彼の歴史認識の浅さが表れている。事が起きたとき、出征することを多くの人は苦役と思わない。思っても口にできない。これが戦争の怖さなのだ。

とにかく祈る。同じことを繰り返しませんように。現状に馴致しませんように。9月19日以降のこの社会と政治に対して、この国の人たちが違和感を持続しますように。

「テロに屈するな！」に屈するな

『創』2016年1月号

2015年9月に国連総会に出席した安倍首相は、一般討論演説でシリア・イラク難民問題に触れながら、1000億円近い経済支援を実施する方針を表明した。ところがその後に行われた記者会見で、外国人記者から「日本は難民の一部を受け入れることを考えていないのか」と質問されて、以下のように答えている。

「そして今回の難民に対する対応の問題であります。これはまさに国際社会で連携して取り組まなければならない課題であろうと思います。人口問題として申し上げれば、我々は移民を受け入れる前に、女性の活躍であり、高齢者の活躍であり、出生率を上げていくにはまだまだ打つべき手があるということでもあります（以下略）」

まったく意味不明。なぜ人口問題の話になるのだろう。移民と難民の区別がついていないのだろうか。いずれにせよこの時期、シリアの難民問題は世界レベルで重要な課題であり、国連の場で日本の人口問題や移民受け入れなどの質問が出るはずがない。もしも（百歩譲って）移民について質問されたと勘違いしたのだとしても、ならばその政治センスの欠落は、噴飯を通り越して絶望的だと思う。

この返答を受けてロイター通信は、安倍首相の写真を大きく掲載しながら、「Abe says Japan must

solve its own problems before accepting any Syria refugees（安倍首相は、シリア難民受け入れより国内問題解決が優先と語った）」との見出しを打ちながら、会見の内容を報じた。

イギリスのガーディアンは、「Japan says it must look after its own before allowing in Syrian refugees（日本は、シリア難民受け入れの前に、国内問題の対応が不可欠と主張した）」と銘打ち、「日本は昨年、1億8160万ドルを国連の難民対策部門に支出しているが（アメリカに次いで二番目に多い）、シリアや他の難民受け入れは、その経済規模に見合っていない。日本で難民資格を申請している60人のシリア人のうち、認められたのは3人だけであり、約30人は人道上の理由で長期滞在が認められているだけだ」と指摘した。

「日本は難民支援の用意はあるが、受け入れはしない」と報じたのはワシントン・ポストとAP通信だ。

要するにこのメッセージは世界中に広がった。そして世界中があきれた。だから、「日本の誇り」とか「国益」などと簡単に口にする人たちに訊きたい。従軍慰安婦や南京虐殺などの解釈をめぐる論争などよりも、国連の場における安倍首相のこの発言のほうが、よほど恥ずかしいし日本の国益を害していると思うのだけど。しかも現在進行形だ。

ここまでは少し旧聞だ。いくつかの国内メディアはこの顛末《てんまつ》を報じている。そして以下は、国内の主要メディアのほとんどが伝えていないこと。

安倍首相への質問は、日本と外国メディアの記者が交互にすることになっていたが、その質問内容と記者の名前を、前日に文書で提出することを、日本政府は記者たちが所属する社に命じていた。日本の記者はあっさりとこれに応じた。でも外国メディアの記者はアドリブの質問もした。難民問題について質問した記者はロイター通信だ。事前の通告どおりにアベノミクスにおける三本の矢についての質問をまずは終えてから、記者は「もう一つ質問がある」と宣言したうえで、難民受け入れについての質問を口にした。

事前に書かれた質問書を入手した「アイ・アジア」によれば、ロイター通信の記者の質問内容を通訳から伝えられた安倍首相の表情が強張《こわば》っただけではなく、会見場にいた日本人記者全員が、「予定外」の質問にざわめきたったという。

ロイター通信の記者が前日にこの質問内容を提出していれば、付添いの優秀な官僚たちが、一晩で答弁を書いていたのだろう。でもアドリブで訊かれたために、安倍首相は政治家として致命的なまでに勉強不足であることを（あるいは本音をうっかりと）晒してしまった。

会見に出席していたアメリカの記者は、「質問を事前に伝えては質問の意味がない。我々の仕事は国家権力を監視することであり、決して広報することでない」と語っている。

ここまでを読みながら、「そういえば日本の国会も同じだ」と思った人がいるかもしれない。質問は事前に提出することが決められている。だから答えは用意されている。こうして論議は粛々と進む。これがこの国の民主主義の根幹だ。

２０１０年、国境なき記者団は「報道の自由度ランキング」において日本を、過去最高11位にランクした。このときは民主党政権下だ。でも２０１５年は過去最低の61位。ほとんどの欧米メディアから大きく引き離されてしまった。

安倍首相の国連総会における失態は、劣化したメディアと劣化した政治を現している。でもマスゴミとメディアをバカにする人たちは、結局は自分たちをもバカにしていることに気づかない。社会は一流なのにメディアや政治が三流などありえない。社会が三流だからメディアや政治も三流なのだ。つまり三流国。メディアの評価が61位なら、この国の政治と国民は、やはり世界ランキングで61位なのだ（2016年の発表では、さらに72位に下落した）。

ただし世界のメディアを称揚ばかりするつもりはない。大きな構造的な問題を抱えている。

パリの同時多発テロが起きたとき、臨時国会を開かないままトルコなどを外遊していた安倍首相はオランド仏大統領に向けて、「このような非道卑劣なテロはいかなる理由でも許されず」とのフレーズで始まる追悼のメッセージを送った。

この「絶対に許されない」式のレトリックはきわめて日本的だ。だって誰も「許してやれ」などとは言っていない。言うはずもない。でも日本では（重大な事件が起きるたびに）「許せない」との述語がまず冒頭にくる。

まあそれはともかくとして、安倍首相以外にも多くの各国首脳はフランスへの連帯を示し、テロとの対決を強調した。首脳だけではなく（もちろん日本も含めて）世界中のメディアが、フランスの悲劇を大きく伝え、テロリストたちを激しく批判し、「テロの根絶」「テロとの対決」などの言葉が一気に氾濫した。政治家やメディアだけではない。フェイスブックやツイッターのアイコンに、フランスの国旗である三色旗を重ねる人も世界規模で増殖した。

要するに「テロに屈するな」だ。アイコンに重ねられた三色旗は、シャルリー・エブド襲撃事件の際に、多くの人たちが口にしたフレーズである「私はシャルリー」と同じ位相にある。そして「テロに屈するな」は、後藤健二と湯川遥菜がISに拘束されたことがわかったとき、安倍政権が盛んに使ったフレーズでもある。

ならば断言する。根絶などありえない。仮にISを殲滅《せんめつ》したとしても、次のテロ集団は必ず現れる。

仏テロのまさに前日、レバノンでもISによって40人以上の市民が殺害されるテロが起きた。でも知る人は少ない。報道の量がフランスに比べれば圧倒的に少ないからだ。安倍首相はもちろん、各国首脳も、レバノンのテロについては声明を出さない。もちろんレバノンの国旗をフェイスブックやツイッターのアイコンに重ねる人も現れない。興味がないのだろう。パリ同時多発テロの1カ月前には、トルコで自爆テロがあって20人以上が死んだ。シリアでは今も多くの人が殺戮《さつりく》されている。

明らかな非対称。アンフェアだ。レバノンの首都であるベイルートには数年前に行った。小さな映画祭に参加した。イスラエルの空爆があった直後だった。街は瓦礫《がれき》と廃墟だらけ。でも映画祭は行われた。会場で出会った多くの男や女たちは、早く平和な国にしたいと口々に言っていた。

今もイラクやアフガニスタンでは毎日のようにテロで多くの人が死んでいる。テロで犠牲になった一般市民の数は、イラクとアフガニスタンが突出している。つまりアメリカが攻撃を仕掛けた国だ。その帰結としてISが誕生し、今度は世界に牙を剥いている。

でも世界は、イラクやアフガニスタンやシリアやトルコやレバノンで死んだ人には興味を示さない。とても冷淡だ。欧米ではないからか。イスラム国家だからなのか。それとも小さな国だからか。影響力がないからか。

フランス人とレバノン人とでは命の価値が違うのか。もしも僕がレバノン人ならそう思うはずだ。欧米中心。これを言い換えればキリスト教国家を頂点としたヒエラルキーだ。ならば報復しよう。痛みと悲しみを思い知らせよう。そう思ったとして不思議はない。

こうして憎悪と報復の連鎖が続く。

そもそもテロとは何か。これに屈するべきでないことは当然だ。でも今の「テロに屈さない」は方向を間違えていないだろうか。逆に油を注ぐばかりではないのか。同時多発的に硬直した「許せない」が、世界を壊し続けている。そのメカニズムについて、世界は知らなければならない。

だってこのままでは、もっともっと多くの人が死ぬ。

「チッソは私であった」

『創』2016年3月号

チッソは私であった。

この衝撃的なフレーズを自らの著作のタイトルとした緒方正人は、水俣病の未認定患者だ。そして未認定である理由は、患者に認定される請願を自ら取り下げたからだ。

1953年、緒方は熊本県芦北郡女島の網元の家に生まれた。物心がついたころには、すぐ目の前の海で死んで浮いている魚の群れを何度も目撃し、6歳のころには父親が急性劇症型の水俣病で死去している。同じころに自身も発症した。その後に水俣病未認定患者の認定を求める運動に身を投じ、1975年には水俣病認定申請患者協議会の副会長に就任した。

しかし1985年、緒方は唐突に運動から身を退くことを宣言し、自らの認定申請も取り下げた。その後は漁師を続けながら独自の活動を続け、2001年に『チッソは私であった』（葦書房）を上梓する。

被害者である緒方が、なぜ加害者であるチッソと自分を同一視するのか。朝日新聞（2009年6月18日）に掲載された本人のインタビューの一部を、以下に引用する。

3歳のころの記憶がある。網元の父におんぶされ、舟の上でかわいがられている記憶だ。屈強だった父は、私が6歳の時、発病した。父は激しいけいれんを起こし、よだれを流し、半年後に死んだ。おいっ子は胎児性水俣病、そして私の母も同じ病で苦しんでいる。

周りから白い目で見られ、ダイナマイトでチッソの工場を爆破し、父の敵を討ちたいと思った。(中略)「敵を討つ」と言いながら何もしない自分を恥じ、しびれなどの症状をもとに74年、県に認定申請、チッソや国、県に対し、認定と補償を求めて闘うようになった。

県議会でニセ患者発言をした議員に抗議し逮捕されたこともある。

だが、私のなかで次第に疑問が膨らんでいく。

いくら問いつめ、追及しても、彼らは2~3年でいなくなり、新しい担当者を相手に、また一から始まる。組織の一員である彼らには顔がないのだ。

患者もそうだ。

患者が認定される数日前になると、どこからか情報を得た銀行員たちが申請者の家を回り、預金の獲得に走った。

金の配分をめぐって争いを起こす家もある。(中略)患者もまた、原罪を背負っている。

もし、私がチッソの社員だったらどうしただろうか、と考えた。これまで問う側に身を置き、問われる側に立つことがなかったから。

出た結論は、私も同じように行動しただろうということだった。

『チッソは私であった』には、以下のような記述もある。

今まで被害者、患者、家族というところからしか見ていないわけですね。立場を逆転して、自分が加害者側にいたらどうしただろうかと考えることは今までなかったことでした。

こうした煩悶《はんもん》の過程を経て、緒方は宣言する。被害者である自分は、加害者であるチッソでもあるのだと。

福島第一原発が爆発したとき、多くの人は自らの原罪を感じたはずだ。なぜなら電力は、今の自分たちの豊かな生活を支える基盤要素だ。その恩恵をこれまで、何も考えずに享受していた。時おり「原発は大丈夫だろうか」との思いが脳裏をよぎったとしても、無意識に打ち消していた。そんなことよりも、子供の進学や親の介護、会社の人間関係などのほうが重要な問題だ。何よりも自分たちの日常を維持するために、電力は絶対に必要なのだ。

こうして見過ごしてきた帰結として、この国はいつのまにか54基の原発を保持していた。世界第三位だ。でも一位のアメリカは国土が圧倒的に広い。二位のフランスは地震がほとんどない。これほどに小さくて地震の多い国なのに、なぜこれほどに多くの原発を保持しなければならないのだろう。でも東電や政府は、こっそり54基もの原発を建造したわけではない。僕たちは知っていた。そして黙認した。つまり僕たちは、福島の人たちを今の状況に追い込むことに加担していたのだ。

だから緒方の論法を使えば、「東京電力は私であった」になる。あるいは「歴代自民党政権は私であった」。

この意識を言葉にすれば「後ろめたさ」だ。事故直後にこの感覚を、日本中が共有した（と思う）。もちろん僕もその一人だ。

1月10日、その緒方と久しぶりに、水俣病の地元である熊本市の市民会館で会った。この10月から熊本で開催される「新・水俣展」のプレイベントとして行われたシンポジウムだ。

最近の緒方は、講演などの依頼をほぼすべて断っていると聞いていた。理由は「俺は一介の漁師だから」。でも今回は、なぜか引き受けてくれたらしい。久しぶりに話を聞くことができる。だから依頼を受けたとき、一も二もなく承諾した。

シンポジウムが終わってから、参加者や関係者で乾杯した。足を運んでくれた熊本市の友人が、「緒方さんの話を久しぶりに聞くことができた」と言ったあとに、「自宅にあった『チッソは私であった』を持ってきたのに、緒方さん、サインしてくれないんだよ」と、僕の耳元で少しだけ不満そうに囁いた。

「俺は漁師だからサインなどできんと言われたよ」

聞いて思わず、シンポジウム終了後に、渡された新刊にへらへらとサインしていた自分を思い出して赤面する。まさしく肥後もっこすそのものである緒方は、僕のすぐ横で、旨そうに焼酎を飲んでいる。

二次会は水俣病被害者の支援拠点として知られるカリガリに行った。２０１４年にいったんは閉店したが、多くの人の声を受けて再び開店したこの店には、かつて石牟礼道子や渡辺京二、川本輝夫に木村栄文、土本典昭たちが毎夜のように集い、運動のありかたなどを議論していた。

この席で誰かに質問された。森さんにとって水俣病とは何ですか。なぜこだわるのですか。

少し考えた。答えはこれしかない。国策と国民、あるいは組織と個人、そんな相克する普遍的なテーマを、水俣病はとても明確に、僕たちに突き付けてくるからだ。

なぜ水俣病は起きたのか。なぜ伝わるべき情報は隠蔽《いんぺい》されたのか。その後もなぜ有機水銀は海に流され続け、被害が拡大していったのか。

これらを考察するうえで、組織の属性と病理への視点は絶対に欠かせない。

人は組織を離れて生きてはいけない。でも組織は時折、大きな間違いを犯す。なぜなら組織に帰属する人たちの多くが、一人称単数の主語を失うからだ。

これはおかしいと誰かが気づく。放置してよいのだろうかと誰かが思う。

でも声を発さない。組織内のダイナミズムに組み込まれているからだ。

まさしく水俣病もそのようにして起きた。チッソ社内でも、水銀が原因ではないかと思った人はいくらでもいたはずだ。そもそもこんな猛毒を海に排出してよいのだろうかと悩んだ人もいたはずだ。

しかし組織は揺るがない。一度決めた方向に動き続ける。誰かが声を発すれば止まったかもしれない。軌道を変えることができたかもしれない。

でも誰も声を出さない。その帰結として取り返しのつかないことが起きる。多くの人が泣く。苦しむ。死ぬ。多くの人が被害を受ける。

そしてこの構造は、組織共同体が犯す過ちのほぼすべてに共通している。右も左も関係ない。大も小も関係ない。組織すべてだ。その意味では、水俣病もオウムによる事件も、あるいは昭和初期のこの国の戦争やヒトラー政権や連合赤軍の事件も、文化大革命やルワンダの虐殺、パレスチナや今のＩＳ問題も、その基底の構造とメカニズムはすべて共通している。

加害者の意識を持つべきは特定の誰かではなく、集団となった僕たちすべてである。なぜならば加害と被害は、メビウスの輪のように繋がっている。

だから今、ＩＳ問題について考えるならば、ブッシュ前大統領は「ビンラディンは私であった」と宣言するべきだし、アメリカのイラク侵攻を支持した日本のジャーナリストや大学教授たちは、「アルカイダは私であった」とつぶやくべきだ。戦後ドイツのありかたは、「ヒトラー（アイヒマン）は私であった」的な意識を保ち続けている。ここが同盟国だった日本とは決定的に違う。

もちろん、責任の追及は必要だ。これを曖昧にすべきではない。ただしその追及が、「誰が悪いのか」式の犯人探しに終始するだけならば意味がない。重要なことは事件や現象の特異性を探すことだけではなく、普遍性を見つめることなのだ。

４人の監督の共作である『３１１』を別にすれば、僕にとって『Ａ２』以来15年ぶりの新作映画『ＦＡＫＥ』の撮影が、先日クランクアップした。編集も大詰めだ。

まだ公開日時や内容の詳細などについて触れることはできないけれど、２０１４年に日本中が大騒ぎした佐村河内問題に題材をとっていることだけは、この時点でも言っていいだろう。

なぜあのような事件が起きたのか。これについて関係者の一人は、「何かおかしいとは思っていたけれど、声にすることができなかった。今になって思えば、大東亜戦争ってこのように起きたのかなと思います」とつぶやいた。

目指すべきはこの騒動の根底にあるメカニズムの普遍化。そんな思いで今日もこれから編集する。

この国のメディア

『創』2016年4月号

2016年2月10日夜、今年で7回目を迎える「座・高円寺ドキュメンタリーフェスティバル」で、2001年公開の『A2』が上映された。ただし今回の上映は完全版。公開時には本編から割愛していた7分間のシーンが復活している。

割愛した理由は簡単ではない。僕にとっては断腸の思いだった。腸を絶つ思い。何だそれ。ここまで書いてから、気になってネットで検索した。5秒でわかった。今さらだけど便利だ。要はこういうことらしい。

晋の武将である桓温が船で蜀に攻め入ろうとしたとき、立ち寄った小さな港で、従者が小さな猿の子を捕まえてきた。そのまま出航しようとしたが、岸辺で泣き叫ぶ声がする。見れば母親らしき猿が船を見つめている。かまわず沖に出て、しばらく走ってから船の後ろを見れば、母猿は必死に泳ぎながら船を追いかけてくる。

そのまま船は百余里あまりも進んだが、母猿は泳ぎ続け、遂には船に追いついてよじ登ってきたが、血を吐きながら息絶えた。従者たちの報告によれば、母猿の腸はずたずたに千切れていたという。

……思わずうなりたくなる。相当に凄惨な話だ。森達也の場合は、さすがに腸は千切れなかった。千切れたのは映像素材だ。つまり断フィルムの思い（正確にはフィルムじゃないけれど）。辛かった。悔しかった。とても愛着のあるシーンだったのだ。フェスティバルのパンフレットから、その紹介文を引用する。

前作『A』（1999）が、荒木浩というオウム内部の人間を主人公に据えているのに対し、『A2』では、教団と交流する施設の近隣住民や、対話を試みる右翼団体など、オウムを取り巻く側の人々がより鮮明にとらえられている。オウムを排斥しようとしていたはずの人間にできた「話せば分かる」機運や、アウトロー同士の連帯。加えて、今回上映される「完全版」には、劇場公開時に諸般の事情で削除された一場面が復活している。社会の断面と当事者の気持ちが凝縮された、美しいシーンだ。当時の（今も？）マスコミが報じなかった日本の「空気」の一断面は、15年たった今、みなさんの目にどのように映るだろうか。

公開当時「世界はもっと豊かだし、人はもっと優しい」と盛んに希望を口にしていた森は、昨年、日本人がどんどん突然死してゆく小説「チャンキ」を書きあげた。その変化は絶望か、一縷の希望を見いだせるのか。会場で目撃するみなさんの反応にもかかっている。

（佐藤寛朗）

上映終了後に、『A』『A2』プロデューサーの安岡卓司、松本麗華、田原総一朗と登壇して、あらためて1時間ほど、オウムをテーマにディスカッションを行った。その際にも少し触れたことを、この誌面で整理する。

最初は「危険な異物」として憎悪の対象だったはずのオウム信者と親和してしまった人たちが、『A2』には登場する。例えば群馬県藤岡市でオウムに対して過激な排斥運動を展開していた市民たち。あるいは出所直後の上祐幹部に会わせろと警察に詰め寄る横浜の民族派右翼たち。いずれも佐藤寛朗の筆を借りれば、ちょっと過激でアウトローな人たちだ。ところがむしろ、そういう人たちが親和する。なぜならオウム信者に対して距離を詰めるからだ。傍に寄れば、体温や息づかいを感じることができる。自分たちと何も変わらないと、今さらながら気づく。

ところが各自治体や警察の指示のもとで結成されたオウム監視の市民たちは、「信者と話さない」「必要以上に近づかない」などのルールを厳守しているから、オウムはいつまでも危険な敵のままだ。

すっかりオウム信者と親しくなってしまった藤岡の市民の一人は、困惑しながら「(自分たちは)見えない敵と戦っていたのだろうか」と述懐する。見えない敵とは何か。喚起された不安や恐怖がもたらした仮想の敵だ。でも渦中では、仮想であることに気づけない。メディアと為政者が絶え間なく不安や恐怖を煽るからだ。メディアは視聴率や部数を上げるため。そして為政者は支持率を上げるため。

こうして不安や恐怖に苛まれながら、敵を無理やりに可視化することで安心を得ようとする。でももちろん、これで本当に安心など得られない。だって敵がすぐ目の前にいるのだから。こうして自衛のための攻撃が大義となる。

2年前に平壌に行ったとき、祖国解放戦争勝利記念館に足を運んだ。展示のコンセプトは自存自衛。

仮想の敵はアメリカとその同盟国だ。平和を守るために自分たちは戦う。正義は我々とともにある。邪悪な敵には決して屈さない。

……館内を歩きながら気づく。北朝鮮が特別な国なのではない。すべての国が犯してきた（あるいは今も犯しつつある）集団化による過ちが、閉鎖されているがゆえに、より凝縮されているだけなのだ。ならば同じ過ちを何度も体験しているはずの日本は、拉致問題というカードも持っているのだから、国際社会と足並みそろえた制裁だけではなく、違う選択肢を提示できるはずなのに。

北朝鮮ほど端的ではないにしても、集団化は今、世界規模で進行しつつある。全員で同じ動きをしたくなる。共通の敵を見つけたくなる。マッチョな為政者を求め始める。つまり政治権力が暴走する。ヨーロッパでもアメリカでも、この傾向が加速している。もちろん安定とは程遠い東アジアも例外ではない。韓国も最近は、歴史教科書の国定化などが示すように、その傾向が強い。

2015年10月、ドキュメンタリー映画『ダイビングベル』が、釜山国際映画祭で上映された。2014年4月に起きたセウォル号沈没事故における救助活動を描いた『ダイビングベル』は、民間ダイバーの協力を拒否し続けた韓国政府の不作為と扇情的なメディアの偏向報道を告発した作品だ。ドキュメンタリー監督であるアン・ヘリョンと「告発ニュース」のイ・サンホン記者が、共同で監督している。

釜山国際映画祭の上映が発表された直後、政府の犠牲者遺族対策委員会が、「（この映画の上映は）遺族を傷つける」として国会で上映反対を主張し、パク・クネ大統領の側近とされるソ・ビョンス釜山市長も、「政治的中立を損ねる作品を上映するのは望ましくない」と、映画祭執行部に上映の中止を要請した。しかし釜山国際映画祭のキム・ジソク首席プログラマーは、「政治的に論争の的となる映画を上映することは、映画祭では当たり前のこと」と上映中止の要請をはねつけた。

まったく同意する。政治的中立性を損ねるとして、上映中止を政治家が求める。誰が考えても首をひねる事態だ。でも同じ状況が日本でも起きている。

2月8日の衆院予算委員会で高市早苗総務相が、放送局が政治的な公平性を欠く放送を繰り返したと判断した場合、放送法4条違反を理由に電波停止を命じることができると発言した。「法律は法秩序を守る。違反した場合は罰則規定も用意されていることで、実効性を担保すると考えている」「私の時に（電波停止を）するとは思わないが、実際に使われるか使われないかは、その時の大臣が判断する」

大臣とは誰か。第三者機関ではない。政治家だ。政治的な公平性が担保されているかどうかの判断を政治家が行う。エッシャーの騙《だま》し絵のような論理だ。でも発言から2日後の2月10日の衆院予算委員会で、安倍首相は高市総務相の発言について、「法令について従来通りの一般論を答えた」と追認した。

このときには民主党の大串博志議員が、「安倍政権になって番組に口を挟もうとする態度が非常に多い」として、首相が2014年11月の衆院選前にTBSの「ニュース23」に出演中、オンエアされた街頭インタビューに対して「（テレビ局の）皆さん（人を）選んでおられる」「全然、声が反映されていません。おかしいじゃないですか」と激高したことに言及した。これに対して安倍首相は、「政府や我が党が、高圧的に言論を弾圧しようとしているイメージを印象づけようとしているが、まったくの間違いだ。安倍政権こそ、与党こそ言論の自由を大切にしている」と答弁した。

大串議員が言及した「ニュース23」のこの街頭インタビューの一件は、安倍政権のメディアへの圧力や干渉を論じるときに、しばしば引用されるエピソードだ。ある意味でこれが始まりであり、岸井成格

（そして一連の）キャスターの降板のきっかけとなっている。

この街頭インタビューを撮影したスタッフの一人は、実は大学の教え子だ。先日久しぶりに会ったとき、「あれ、人を選んでなんかいないです。撮る前は半々くらいかなと予想していたけれど、批判する人が予想以上に多いなあと驚きましたから」と困惑していた。

言論の自由とは何か。なぜ大切にしなくてはいけないのか。権力者はどのように対処すべきなのか。どうすればわかってもらえるのだろう。安倍政権の議員たちにではない（それはもうあきらめている）。彼らを支持する多くの人たちに。でもそれを伝えるべきメディアは、この原稿を書いている2月11日時点において、自民党議員の不倫問題で大騒ぎだ。

行政と政府の干渉を一蹴した釜山国際映画祭は、『ダイビングベル』をワールドプレミアとして上映した。劇場前には長蛇の列が出来たという。しかし釜山市当局は、映画祭責任者に辞任を迫り、政府関連組織は映画祭への支援額削減を発表した。これはまさしく圧力だ。忖度《そんたく》ではない。釜山国際映画祭関係者は、今も屈することなく闘っている。

ならばこの国のメディアはどうか。誰が闘っているのか。誰が忖度や自主規制の名のもとに、闘いを放棄しているのか。

日常に遍在するFAKE

『創』２０１６年５・６月号

新作映画『ＦＡＫＥ』の情報解禁が行われた２０１６年3月10日直後、テレビの複数のワイドショーから監督へのインタビュー依頼が来ていると知らされた。

パブリシティを考えれば、もちろんありがたい話だ。でもこの段階で試写はまだ行われていない。つまりワイドショーのスタッフは、誰も作品を観ていないはずなのだ。結局お断りしたけれど、仮にもしインタビューを受けていたら、いったい何を訊くつもりだったのだろうと今も不思議だ。

もうひとつ気になること。ネットでは**「佐村河内氏と新垣氏への見方が１８０度変わると監督は語る」**的な見出しやまとめがとても多い。

僕はこんなこと言っていない。言うはずがない。だって１８０度変えるのなら、「黒と白」が「白と黒」になるだけだ。それでは意味がない。そもそも二項対立的な発想は嫌いなのだ。

昨年5月に報道された日刊スポーツの記事が、これらの情報のソースのようだ。オリジナルのその記事には、**「森監督は、今回の作品について周囲に「佐村河内氏と新垣氏との関係や、2人に対する見方が１８０度ひっくり返るようなものになる」と話しており、」**と記述されている。要するにその「周囲の誰か」（僕は知らない）が日刊スポーツの記者に語ったフレーズが独り歩きし、さらにまとめサイト

などでは、「森達也監督が語る」にされてしまっている。見方が変わることは否定しない。そうでなければ映画を作る意味はない。でも180度ではない。そんな下品な言葉は使わない。

さすがに公開前のこの時期、メディアやネットが気になる。ネットでは僕のコメントとしてさらに、「**単なるゴーストライター騒動をテーマにしているつもりはもちろんない**」と断言。「**誰が彼を造形したのか。誰がうそをついているのか。自分はうそをついたことはないのか**」と矢継ぎ早に口にし、「**真実とは何か。虚偽とは何か。この二つは明確に二分できるのか」と疑問を投げかける。**」との記述を頻繁に見かける。

このソースはエンターティメント専門のネットニュースのようだが、このコメントはすべて、メディア各社に配布したリリースにおける「監督の言葉」からの引用だ。僕はまだ、どこのインタビューも受けていない。つまり「**矢継ぎ早に口にし**」などありえない。

細かなことに目くじら立てるつもりはない。ライターとしては、そう書きたくなったのだろう。でもこれも、僕たちの日常のそこかしこに遍在する広義のFAKEなのだ。

特にSNSでは、「映画には興味はあるが、佐村河内に金が入ると思うと行きたくなくなる」的な書き込みが多い。

2011年に映画『311』を発表したときも、「遺体をさらして金儲けをする鬼畜監督」などとさんざん罵倒されたけれど、こうした書き込みをする人たちは、ドキュメンタリー映画の市場規模をもう少し理解したほうがいい。難しい話ではない。シネコンで上映などまずありえない。動員1万や2万人でヒットの市場規模だ。入場料はひとり1500円前後として、その総額のほぼ半分は劇場に分配される。残りの金額から映画の製作費や宣伝費やスタッフのギャラを捻出しなくてはならない。しかも製作期間は長い。『ＦＡＫＥ』の場合はまる2年だ。儲けなどまずない。赤字が普通だ。金儲けをするならば他のことをする。みんな歯を食いしばって製作している。

２０１４年8月、佐村河内守に初めて会う直前まで、映画を撮ることなどまったく考えていなかった。そもそもＮＨＫスペシャルも観ていない。騒動が始まってから、へえこんな人がいたのかと初めて知ったくらいだ。

だからメディアと社会がこれほどに騒いでいることのほうが、むしろ不思議だった。この時期にこの連載で書いた文章の一部を、以下に引用する。

今月号に書くべきメディアの話題といえば、何と言っても佐村河内騒動ということになるのだろうけれど、どうにも書く気になれない。あまり考えたくもない。

要するに根底の問題は食品偽装と同じだ。芝エビだと思って美味しくいただいていたのにバナメイエビだったとはけしからんとか、国産和牛だと思ったから高いお金を出していたのに輸入牛だったとは許せないなどの怒りの声の背景にあるのは、エビや肉だけではなく、そこに付加されているブランドも僕たちは消費しているという現実だ。

（中略）とにかくこれについてここまで。僕もまだ想像や推測のレベルだ。テレビなどを見ていると、激しく罵倒する人がいるけれど、何となく違和感がある。まあこれは感傷だ。こいつは何を言っているんだと思われるなら無視してくれていい。

（『創』２０１４年4月号）

この程度の興味と関心だった。だから（書籍化を前提に）会わないかと編集者から誘われたとき、相当に気のない対応をしてしまったはずだ。

……と書き進めながら、これは自分の毎度のパターンだなと気がついた。『311』の始まりは、綿井健陽から「現地に行かないか」と震災直後に連絡をもらったからだ。でもこのときもやっぱり、「気乗りしない」と一度は断っている。テレビ・ドキュメンタリーとして始めた『A』も同様だ。オウムやサリン事件に格別な興味は湧かなかったが、仕事なのだと自分に言い聞かせながら撮り始めている。映画になるなどと夢にも思わなかった。つまり腰が重い。おまけに直感も弱い。でも初めて彼に会ったとき、彼を被写体に映画を撮りたいと思ったことは確かだ。

これからパブリシティの時期が始まる。劇映画なら、主演女優や男優などへのインタビューが中心で展開することが普通だが、ドキュメンタリーの場合はそうはゆかない。どうしても監督が前面に出る。ただし今のうちに書いておくけれど、インタビューや舞台挨拶のことを思うと気が重い。

別に孤高を気取るわけじゃない。監督と呼ばれてちやほやされるのは大好きだ。でもインタビューや上映後の劇場トークでよく質問される「この作品のテーマは?」には困惑する。あるいは「実際には○○についてどう思っていますか」とか「あのシーンはどんな思いで入れたのですか」など。とりあえずこの3つが困惑トップ3。絶対に答えたくないし、答えられるわけがない。これは映像を製作する側における当然の生理だ。でもこれらの質問に対して「答えたくない」などと返せば、間違いなく相手は心証を害するだろう。ならばパブリシティが裏目に出る。

特に映像や小説の場合には、この煩悶《はんもん》が強い。メタファーだからだ。説明や補足などしたくない。作品はそこにある。あなたは読むことができるし観ることもできる。それで十分だ。僕から補足したいことは何もない。

ただし映画の内容そのものではなく、撮りながら（あるいは撮る前に）ずっと考えていたことはある。誰かが笑う。それをニコニコと書くかニヤニヤと書くかで、受ける印象はまったく違う。そしてこのとき、ニコニコとニヤニヤのどちらが真実でどちらが虚偽かなどと論じても意味はない。これを記述する人が、その笑い（あるいは笑う人）に対して、どのような意識や感情を持っていたかで、表現はまったく変わる。嫌いな人ならば僕はニヤニヤと感じる。好意を持ったならばニコニコと形容したくなる。それが情報の本質だ。

メディアに限らず僕たちが認知できる事象の輪郭は、決して客観公正な真実などではなく、あくまでも視点や解釈だ。言い換えれば偏り。つまり主観。客観性や中立性など存在しない。だって時代や国が変われば、客観性や中立性の座標軸は変わる。だからこそこれに依拠することは、とても不誠実で無責任で危険なのだ。中立客観不偏不党などと錦の御旗を掲げるから、政権から放送内容が偏っているなどと低レベルの恫喝《どうかつ》を受けることになる。

もちろんメディアに帰属する人ならば、できるかぎり客観性や中立性を標榜《ひょうぼう》する姿勢は正しい。でもならば（あるいはだからこそ）、決してそこに到達できないことを強く自覚して、その引け目や後ろめたさを抱え続けながら、記事を書いたり映像を編集したりしなくてはならないはずだ。

でもどうやらここ数年、特にメディアの最前線において、「真実」とか「真相」などの語彙《ごい》が（その対極にある「虚偽」とか「捏造」とか「やらせ」とかも含めて)、とても安易に消費されるようになっている。ワイドショーのレベルではない。佐村河内騒動やSTAP細胞問題と同じ年に起きた朝日新聞慰安婦報道謝罪問題とバッシングは、あまりに常軌を逸していた。確かに吉田証言は相当に怪しい。とはいえ(朝日と同じように)この証言を根拠に多くの記事を載せていた読売や産経新聞など他のメディアが、なぜあれほど無邪気に朝日を叩けるのか。我々は真実の側にいると、なぜこれほど臆面もなく胸を張れるのか。

こうして社会とメディアと政治は、互いに刺激し合いながら、少しずつ同じレベルでスライドする。楽なほうに。売れるほうに。票が集まるほうに。真実と虚偽。黒と白。二極化は楽だ。だって曖昧さが消える。すっきりする。右と左。正義と邪悪。敵と味方。壁を作れ。悪は叩け。正義は勝つ。やがて集団の熱狂に身を任せながら、僕たちは同じ過ちをくりかえす。

視点や解釈は無数にある。もちろん僕の視点と解釈は存在するけれど、最終的には観たあなたのもの。自由でよい(ちゃんと誘導はしているつもりだ)。でもひとつだけ思ってほしい。

様々な解釈と視点があるからこそ、この世界は自由で豊かで素晴らしいのだと。

映像表現とFAKE

『創』2016年8月号

『FAKE』公開前、配給宣伝会社の東風に、劇場におけるトークショーなどの催しは基本的に行わないと僕は伝えた。

『A』『A2』の頃から、映画について監督が壇上で話したり質問に答えたりすることの意味が、どうしてもわからなかった。不要だと感じていた。だって映画は「そこにある」のだ。補足や説明することなど何もない。

だからこの時期、プロデューサーの安岡卓治と並んで壇上に立ちながら、僕はいつも、ふてくされていたように見えていたと思う。実際にふてくされていた。僕のそんな様子を客席から眺めながら、多くの人は「だったら断ればいいじゃないか」と思ったはずだ。確かにそうだ。僕もそう思う。いかにも「本当はこの場にいたくないんです」とアピールしているようで、いい歳をしてあまりにも子供じみている。

でも初めて映画を撮った立場としては、一人でも多くの人に観てほしい。舞台挨拶があるだけで「パブリシティも増えるし動員の弾《はず》みもつく」などと言われれば、自分の生理や感覚を捻《ね》じ曲げてでも挨拶をしたりトークに応じたりしなければ、とも思っていた。

だから『FAKE』公開から3週間が過ぎようとする今、改めて考える。僕のこの生理、あるいは感覚は、放送は常に一過性であるテレビで育ったことが影響しているのかもしれない。

徹夜続きで編集した作品でも、放送は（ほとんどの場合）一回だけ。忙しいときにはオンエアされたことにすら気づかない。言葉にすれば消費。あとには何も残らない。説明や補足などありえない。忘れられることが前提なのだ。

もちろんテレビにはテレビの良さがある。マーケットは圧倒的に巨大だ。影響力も桁違いに大きい。見たくない人にも不意打ちできる。刹那《せつな》的であるがゆえに、時には大胆な試みを行うことが可能だ。

ただしこれらの優位性を、今のテレビが十分に機能させているとは言い難い。マーケットが巨大であるからこそ萎縮する。不意打ちできるからこそ自主的な規制が多い。しかも自主であることに気づいていない。政権やスポンサーの意向を過剰に忖度する。

テレビ時代の僕のポジションは、業界のほぼ末端に生息するフリーランスのディレクター時代が長かった。フリーのディレクターは二つにカテゴライズされる。ひとつは仕事に困らないビッグネーム。そしてもうひとつは、無能であるがゆえに制作会社に居場所を見つけられないディレクター。

僕は間違いなく後者だった。業界の末端だ。撮りたい企画が通ることはほとんどなく、たまに実現しても、編集段階で様々に局プロデューサーなどから意見され、結局は思うように仕上げることができない。早朝の子供向け番組やゴールデンの情報系バラエティのコーナー企画などのディレクターを務めながら、自分が巨大な機械の歯車の一部になったようで、満たされない思いを抱いていた。尺どおりの完パケを言われたように作るのが自分の仕事なのだ。空しかった。

でも映画は、観客の感想や批評を、ライブで聞くことができる。しかも一過性ではない。持続する。その体験は大きかった。巨大なスクリーンを大勢の観客たちと見つめながら、ようやく自分の居場所を見つけたような気分になったことは確かだ。

ただし映画には余計な要素がある。パブリシティだ。もちろんテレビにパブリシティがないわけじゃない。僕がそういうことに無縁のディレクターだったということだけだ。でもそれを差し引いても、映画は興行なのだから、テレビに比べればパブリシティの要素は圧倒的に大きい。

もちろん、パブリシティそのものが嫌いなわけではない。自己顕示欲は普通にあると思う。褒められれば悪い気はしない。特に書籍などでは、インタビューや対談の依頼は嬉しい。映画においても、レビューはありがたい。

でも映画の場合は、監督のインタビューやトークなどを要求されると、どうしても素直に頷《うなず》けない。だから今回も、（ドキュメンタリー映画の上映では当たり前のように行われる）トークショーなどの催しは行わない。基本的にテレビ出演などのオファーも、すべて断っている。ただし「基本的には」だ。いくつかは理由があって出演した。でもそれはあくまでも例外だ。基本的には断っている。

そうした心情を形成する要因のひとつは、映像編集の基本原理であるモンタージュだ。

僕はモンタージュを、「異なったカットを組み合わせることで違う意味を提示すること」「シーンをカットに割って、その繋ぎのあいだに起きた事象を想像させること」などの意味に解釈している。つまり映像表現（モンタージュ）は、観客の想像力を信頼しなければ成り立たない。解釈を委ねるのだ。ただし表現する側の作為的な方向に。

委ねながら誘導する。明らかに論理矛盾だ。でもこの矛盾が、映像表現の本質なのだと僕は思っている。

①画面には双眼鏡を手にした男性の顔。その視線は、少し離れた樹上に向けられている。
②樹上では、枝に止まったタカが、じっと一点を見つめている。
③地上では、野ネズミがきょろきょろと周囲をうかがっている。
④タカがふいに羽ばたく。
⑤野ネズミが走り出す。
⑥滑空するタカ。
⑦再び男性の表情。
⑧野ネズミを足に掴んだタカが地面から舞い上がる。

これらのカットの繋ぎには、無数の省略がある。特に⑥と⑧のあいだの省略は大きい。でも一連の編集された映像を観ながら、タカが野ネズミを仕留めたのだと誰もが解釈する。実のところ野ネズミは切り株につまずいて転び、民話よろしく失神してタカの餌食《えじき》になったとは、誰も考えない。

つまり映像表現は、観る側の想像力に依拠する行為である。ただしこれは見せる側の作為でもある。つまり誘導だ。流れに水を差したり都合が悪かったりする要素（映像）はカットできる。それが編集として正しいか間違っているかの判断は誰にもできない。徹底して自己申告なのだ。

僕はこれも含めて、映像表現をＦＡＫＥと表現している。そもそも動画という言葉を僕たちは当たり前のように使うけれど、実際には画は動いていない。ビデオなら一秒に30フレームだしフィルムなら24

コマの静止画だ。それが（目にもとまらない）速度で動くことで残像効果が生じ、映像自体が動いているかのように錯覚してしまう。要するにパラパラマンガだ。実のところアニメーションと実写のあいだには、原理的にはなんの違いもない。

さらに映像にはフレームがある。撮る側は観る側の視点を操作できる。でも観る側は気づかない。こうしてモンタージュとフレームで世界は限定される。観る側は与えられた視点で世界を観た気分になる。

あなたは今、ＮＨＫの「ダーウィンが来た！」を観ている。今日の主人公は、仔供を産んだばかりの雌ライオンだ。なぜか群れから離れている。この時期のケニアは記録的な干ばつで、ライオンの餌になる草食獣が急激に減っている。だから雌ライオンは飢えている。当然ながら乳が出ない。仔ライオンたちは発育不良でぐったりしている。このままでは、あと数日の命だろう。

意を決して、雌ライオンは狩りに出る。足どりがふらついている。痩せ細った仔ライオンたちは、そんな母親の後姿を大きな瞳でじっと見つめている。

雌ライオンは獲物を見つけた。群れからはぐれた二匹のインパラだ。無心に足元の草を食んでいる。

雌ライオンは風下から二匹のインパラに近づく。じりじりと。二匹はまだ気づかない。

……この番組を観ながら、あなたはきっと、雌ライオンの狩が成功するようにと祈るに違いない。インパラを見事に仕留めて、帰りを待っている仔ライオンたちにお乳を飲ませてやってほしい、命を救ってほしいと思うはずだ。

次に視点を変える。やはり仔供を産んだばかりの雌のインパラだ。干ばつで草がない。母と仔は必死に草を求めてサバンナをさまよう。やがて草地を見つけた。二匹は無心に草を食べる。そのとき、カメラがゆっくりと遠くにフォーカスする。そこには痩せ細った狂暴そうな雌ライオンが、ぎらぎらとした視線をインパラに向けながら、用心深く近づいてくる。

このときあなたは、二匹のインパラに、早く逃げろと思うに違いない。

これが視点だ。ライオンとインパラだけではない。近くの樹上にはムクドリがいたかもしれない。灌《かん》木《ぼく》の陰にイボイノシシが隠れていたかもしれない。その視点に立てば、世界がまったく変わる。それぞれの数だけ世界がある。

絶対的に公正で中立な視点などありえない。カメラはどこかに据えなければいけないのだ。だからこそ小川紳介は三里塚を撮るときに、警察の側ではなく農民の側に立つと宣言した。もしも中立な映像が存在するのであれば、それは表現（ドキュメンタリー）ではない。ただの無思想な映像の断片だ。

撮る側がどこに視点を置くかで、観る側の感覚や思考はいかようにも操作される。僕はその行為の実践者だ。

だから語りたくない。自らの映画について何をどのように語っても、映像の裏に潜む作為や意図に触れるからだ。逆に言えば語る必要はない。映画がすべてを語っている。

だから批判や抗議に対しても、基本的には黙殺する。今回は言葉による直接話法ではなく間接話法である映像表現を選択したのだから、作品のために我慢する。『A3』のときのように嫌な思いはしたくない。ただしそれも限度がある。

公正中立の座標軸

『創』2016年9月号

久しぶりに炎上した。事の発端は『週刊プレイボーイ』2016年6月27日発売号に掲載されたインタビューだ。テーマは「新たに選挙権を持った18・19歳へのメッセージ」。決して硬派ではない総合誌で、とても果敢な取り組みだと考えて依頼を受けた。

インタビューの収録は6月中旬に行われた。都内の喫茶店で、ライターの畠山理仁からの質問に答え（補足だが畠山はとても優秀なインタビュアーだった）、1ページの分量にまとめたものだ。

特に大きな記事というわけでもないし、掲載時の反響もさほどではなかったはずだ。ところがこの記事が7月6日にネットに転載されてしばらくしてから、複数のまとめサイトやSNSなどで、炎上が始まった。

そもそもネットに転載されたことは知らなかった。でも今は、新作映画『FAKE』のネット上の反響が気になる。『A』や『A2』の時代には存在していなかったSNSが、昔で言う口コミの役割を果たしている。しかも影響力は大きい。そうした理由で公開後は、かなり頻繁《ひんぱん》にネットをチェックしているし、気づかなかった情報は宣伝スタッフが教えてくれる。そうした理由で気がついた。しかも炎上の過程を、かなり初期の段階からチェックすることができた。

炎上は初めてではない。これまでにも何度かある。でも今回は少しだけ面食らった。それほどに不特定多数から反発を受ける理由が、最初はよくわからなかったのだ。

多少はわかる。炎上した理由の一つは、毎回のことだけど「見出し」だ。そもそも『週刊プレイボーイ』の見出しは『映画監督・森達也が新有権者にメッセージ「棄権していい。へたに投票しないでくれ!」』だったけれど、まとめサイトの多くは、「愚かな若者は投票するな!」「共産党や民主党に投票しないのなら棄権してくれ」などと変えられて、例によって見出ししか読まない多くの人たちが、「カス」とか「ゴミ」とか「死ね」とか「ブサヨ」などと大騒ぎだ。

ざっと見たかぎりの印象だけど、炎上の要因としては、こういう人たちが7割くらいだろう。そしてとりあえず最後まで読んだけれど、意図がわからなかったり誤読したりした人たちが2割(あくまでも印象だ)。

つまり意味ある反論は1割前後だと思う。ならばそれは健全だ。敢えて挑発的に語ったことは確かなのだから。

ただし気になるのは、多くの人が、「こいつが安倍自民党を嫌いなことが透けて見える」などと書いていたことだ。

好き嫌いなどの語彙《ごい》をあまり使うべきではないが、好きか嫌いかと聞かれれば嫌いだと答える。もっと正確には、安全保障関連法や秘密保護法、原発再稼働に日本会議とのあまりに濃厚な関係など、あらゆる意味でとても危険な政権であり、一刻も早く別の政権になってほしいと思っている。

その思いを隠しているつもりはない。「透けて見える」のレベルではなく、日ごろから書いたり言ったりしている。

それなのになぜ、「透けて見える」などと彼らは書くのだろう。インタビューにおいても、安倍政権と改憲の文脈ではっきり語っているつもりなのだけど、なぜ「透けて見える」などと婉曲《えんきょく》な表現を使うのか。おそらく彼らは、支持する政党や政治家の固有名詞を出すことに馴《な》れていないのだと思う。いや「馴れていない」などのレベルではなく、「それはしてはいけないことだ」との抑制が、どこかで働いているのだろう。

考えたら奇妙な話だ。なぜ隠さなくてはならないのだろう。

そういえばこの国の人たちは、人前で政治について語ることを嫌う傾向がある。新しく有権者となった高校生が、クラスで仲間外れになりたくないから投票は一人でこっそりと行くつもりです、とテレビ番組で語っていた。

投票に行ったことすら公言できないのなら、支持する政党や政治家の名前を口にすることができなくて当たり前だ。ならば政治への関心が深まるはずがない。

戦後70年。敢えて書くけれど、この国の民主主義は、いまだに発展途上国レベルだ。まだ普通選挙がふさわしい段階に達していないのだ。こうした世相が形成された大きな要因は、この国の教育とメディアにある。でもこの二つの要因の背後には、これを萎縮させる効果としての政治がある。

僕のインタビュー記事が炎上していた7月上旬、自民党のホームページに、**「学校教育における政治的中立性についての実態調査」**というタイトルの投稿フォームが掲示された。

党文部科学部会では学校教育における政治的中立性の徹底的な確保等を求める提言を取りまとめ、不偏不党の教育を求めているところですが、教育現場の中には「教育の政治的中立はありえない」と主張し中立性を逸脱した教育を行う先生方がいることも事実です。

学校現場における主権者教育が重要な意味を持つ中、偏向した教育が行われることで、生徒の多面的多角的な視点を失わせてしまう恐れがあり、高校等で行われる模擬投票等で意図的に政治色の強い偏向教育を行うことで、特定のイデオロギーに染まった結論が導き出されることをわが党は危惧しております。

この趣旨説明の下に、投稿者の名前や連絡先などを書き込むスペースがあり、そして最後には、

※以下、政治的中立を逸脱するような不適切な事例を具体的（いつ、どこで、だれが、何を、どのように）に記入してください。

と書かれている。つまり密告の奨励だ。さらに複数のネットメディアによれば（決してまとめサイトではない）、アップされた当時の趣旨説明の前段は、実は現在のような記述ではない。

党文部科学部会では学校教育における政治的中立性の徹底的な確保等を求める提言を取りまとめ、不偏不党の教育を求めているところですが、教育現場の中には「教育の政治的中立はありえない」、ある

いは「子供たちを戦場に送るな」と主張し中立性を逸脱した教育を行う先生方がいることも事実です。

もはやくどくど書かないけれど、「子供たちを戦場に送るな」と教師が主張することが、どのような座標軸で「政治的中立性に反する逸脱した偏向教育」になるのだろう。

さすがに抗議の声が相当に上がったらしく、「子供たちを戦場に送るな」投稿フォームそのものは今も掲載されている。これはこれでひとつの信念だ。その強度に圧倒される。大げさではなく狂気に近いものを感じる。**教育を行う先生方がいる、**の個所を自民党は削除したけれど、「**子供たちを戦場に送るな」と主張し中立性を逸脱した**

気がつけばずいぶん遠くに来たものだと実感する。

この国の政治への無関心を醸成《じょうせい》する要因のもう一つは、メディアの報道のスタイルにある。例えば今、新聞やテレビは都知事選の話題で持ちきりだけど、候補者で名前が取りざたされているのは圧倒的に、小池百合子と鳥越俊太郎、そして増田寛也の3名だ。他に立候補者は18人いる。でも彼らはほとんどメディアの表舞台には登場しない。マック赤坂が「同じ供託金を払っているのに、メディアの扱いはフェアではない」と抗議しているけれど、理はその通りだと思う。これのどこがフェアなのだ。公正中立を実現していない。そしてこれは、今回の参院選も含めて、すべての選挙にいえる。メディアは話題の人として、特定の候補ばかりをとりあげる。これがなぜ公正中立なのか。不偏不党であるはずがない。

だからといって、都知事選では21人の候補者すべてを同じ分量だけ紹介すべきと僕は思わない。話題の候補や有力な候補に情報が集まることは当然だ。

だからメディア関係者に訊きたい。こうしたアンバランスな報道を自覚的に行いながら、公正で中立な選挙報道を行っているとき、あなたたちは本気で思っているのだろうか。そうではないはずだ。明らかなジレンマで綺麗《きれい》ごとすぎると誰もが思っているはずだ。

ならばやめようよ。公正中立などありえない。もはやそのレベルのドグマとは決別するべきだ。それほどに日本の選挙（政治）は危機的状況だ。欧米のメディアのように、自分たちはどの党の誰を、どのような理由で支持するのか、あるいはしないのか、そうした所信を新聞やテレビなどマスメディアに帰属する一人ひとりが表明すべきなのだ。沈黙するフェアネスではなく、自由で多様な言論によるフェアネスの実現。ならば少なくとも、こっそり投票所に行くような高校生は減るはずだ。

数年前、NHKのテレビに出演した。その番組の再放送の時期が、選挙期間に重なった。NHKのプロデューサーから電話が来て、「森さんは、支持する政党はありますか」と訊ねられた。

「もちろんあります」

「では、再放送は延期します」

まったく意味がわからない。番組の中で政治的な話などしていない。でも支持政党がある人は、たとえ再放送とはいえ出演させられないということなのか。このときは本当に悶絶《もんぜつ》した。

まあこのプロデューサーの場合は、さすがに相当に極端なのだろう。NHKの知人や友人にこの話をすれば、さすがにそれはありえないですとみんなあきれる。でも事実だ。

※この原稿の校正作業をしている7月19日、自民党は投稿フォームを閉鎖した。

「テロリズム」と共謀罪

『創』２０１６年11月号

大阪府忠岡町の岸壁で19日午前7時ごろ、「釣れていますか」と少年2人に声をかけられた男性（56）が直後、海に突き落とされた。1時間前の午前6時過ぎにも、岸和田市で友人と釣りをしていた男子中学生が少年2人に海へ突き落とされた。突き落とされた男性と中学生にけがはなかった。警察は、同じグループとみて、殺人未遂の疑いで捜査している。

ここに引用した文章は、２０１６年９月19日夜のテレビ朝日で報道された事件についてのナレーションだ。テレビ朝日だけではない。この事件については、一夜明けた今朝のワイドショーでも、ほぼ各局が取り上げていた。コメンテーターや識者の発言は、例によって「許せませんね」「万が一があったらどうするのですか」。

これをニュースとして伝える記者やディレクターに、「なぜこれがニュースになるのか」と質問したい。予想される答えのひとつは、「大阪府警が殺人未遂の疑いで捜査中と発表したから報道したのです」。ならばさらに訊く。警察が発表するから事件なのですか。自分たちの判断基準はないのですか。いくらなんでもこれで殺人未遂は大人げないとの発想はしないのですか。

もちろん、少年たちの行為は誉められたものではない。大目玉を食らって当然だ。でも逆に言えば、所詮《しょせん》はそのレベルだ。少なくとも全国紙やキー局が、全国民にニュースとして流すような内実を備えた事件であるとは、僕にはとても思えない。明らかにニュースのプライオリティを決める基準がおかしい。そしてそこに一定の方向がある。

今朝見たワイドショーによれば、突き落とされた男性はすぐに自力で堤防によじ登ったようだが、もしも男性がカナヅチならば、あるいは心臓に持病を抱えていたのなら、最悪の事態になる可能性を全否定はできない。でもそれを言うのなら、殺人未遂手前の事態など、世の中にはいくらでもある（そもそも車の運転はすべてこれに該当する）。どっきりカメラも相当に危険だ。警察はそのすべてを殺人未遂として検挙するのだろうか。メディアは報道するのだろうか。

犯罪予防の喫水線がどんどん上昇している。いや下がっているのか。少しでも危ない行為は許さない。悪い奴は排除しろ。ブランコやジャングルジムは公園から消えた。周囲と同調しないやつは要注意人物だ。要するにセキュリティへの希求が加速している。そんな社会状況だからこそ、このフレーズを改めて考える。

「ガンディーもゲバラもマンデラも皆テロリストだった」

真鍋淳が書いた『テロリスト・ワールド』（現代書館）のプロローグは、この記述から始まる。

さらに本文の前半では、上記3人だけではなく、ダライ・ラマ、ロビンフッドやウィリアム・テル、さらには明治維新や赤穂浪士などについても、テロの定義の観点からの考察が続く。つまり歴史に残るほとんどのヒーローは、テロリストとして再定義することが可能なのだ。

言葉としては相対化だ。その意識がなければ、セキュリティや犯罪予防の意識ばかりが増大し、悪ふざけが過ぎて人の背中を押した小中学生を殺人未遂で検挙するという世界が現出する（もうしているけれど）。

こうした社会状況を牽引《けんいん》するマジックワードとして、日本国内では1995年の地下鉄サリン事件以降、そして世界的には2001年のアメリカ同時多発テロ以降、「テロ」は現在の地位を獲得した。

テロの定義は、政治的な目的を実現するために暴行や暗殺、破壊などの手段を行使することだ。直接的なダメージだけではなく、その手段によって多くの人や社会に不安や恐怖を与えることが不可欠な要素となる。つまりプロパガンダ的な要素が必須なのだ。誰も知らなければテロにはなりえない。

その意味では、一昔前の暴力行為や暗殺が、今定義されるテロ行為とぴたりと重なるとは言い難い。むしろ不安や恐怖を拡散するメディアが発達した現在だからこそ、テロの意味はより先鋭化していると言えるだろう。だからこそ世界中がこれほど過剰に反応する。ただし昔も今も、テロ行為の背景に駆動するメカニズムは変わらない。

正義の執行だ。

テロの歴史的意義、反テロとして強化されるセキュリティや治安立法、そしてテロを抑止するどころか結果として煽ることでサポートしてしまうメディアについて解析しながら、真鍋は『テロリスト・ワールド』の終盤で、以下のように断言する。

要するに、「テロ」「テロリズム」という言葉は、あまりにも下品で胡散臭いのだ。特に国家が嬉々としてそれをお題目のように使用するときは注意しなければならない。

この8月、政府はこれまで何度も廃案とされてきた「共謀罪」を「テロ等組織犯罪準備罪」に名称を変える組織犯罪処罰法改正案をまとめた。この原稿を書いている時点では、臨時国会での提出は見送られる公算が強いが、もちろん現政権にあきらめるつもりはないはずだ。むしろ自信満々だろう。

だって東京オリンピックという大義が控えている。今後はテロ等組織犯罪準備罪だけではなく、多くの治安法が、テロを理由にしながら成立することになるはずだ。こうして誕生したセキュリティ社会は、当然ながら厳罰化を加速させる社会でもある。

東京高裁は9月7日、オウム最後の指名手配犯と呼ばれた高橋克也被告に対する無期懲役の控訴を棄却して、一審判決の無期懲役を支持した。

このとき僕は渋谷にいた。駅前のスクランブル交差点に設立された巨大な電光掲示板は、文字ニュースでこれを伝えた。数秒の視認だったので正確ではないけれど、概ねは以下のような記述だった。

元オウム信者高橋克也の控訴棄却。これを不服として上告。

読みながら違和感に気づく。上告するからには「不服として」は当たり前だ。不服がないのなら上告などしない。でもほとんどのメディアは、控訴や上告の際に「これを不服として」を記述に加える。つまり常套句だ。

オウムの確定死刑囚は麻原彰晃を含めて13人。そのうち6人と、僕は『A3』執筆時、面会や手紙のやりとりを続けた。事件への関わりかたや役割はそれぞれ違うけれど、自らの死刑を覚悟していることは、ほぼ全員に共通していた。でも控訴や上告はした。なぜならオウム関連の裁判は、量刑が不当なほどに重いことが多い。だからこそ弁護側は上告や控訴を主張する。これが判例になるからだ。

「これを不服として」は「まだ反省していない」とか「罪を悔いていない」などのイメージを喚起する。つまり悪辣《あくらつ》さが強調される。その意味では、さすがに今は使われることがなくなったけれど、拘束されたばかりの容疑者の様子を描写する「朝食をぺろりと平らげ」と、位相としてはほぼ変わらない。

いずれにせよ、一連のオウム裁判は遠くない日に終結する。ならばこれからは、13人の死刑執行が取りざたされることになる。

高橋克也の弁護側は、一審から麻原の証人尋問を求め続けているが、裁判所は却下し続けている。平田信や菊地直子の裁判も含めて、多くの元幹部が確定死刑囚であるにもかかわらず証人として出廷したが、なぜか一連の事件のキーパーソンであるはずの麻原は、一度も証人として出廷していない。

その理由は明らかだ。人目に晒《さら》せる状態ではないからだ。もしも彼が裁判所に現れれば、完全に心神喪失の状態であることが明らかになってしまう。ならば処刑できなくなる。

僕だけが知る事実ではない。麻原の今の状態については、裁判所もメディアも知っている。知りながら誰も口にしない。見て見ぬふりをしている。

その理由も明らかだ。もしも麻原は処刑できる状態ではないとの視点を表明すれば、それは一審だけで終わった麻原裁判の有効性に対しての疑いと重複するし（一審途中から麻原の精神状態は間違いなく壊れていた）、処刑を阻止するのかとかオウムに肩入れするのかなどと、多くの非難を浴びることが自明だからだ。

この国が今のような状況になった最大の要因は、オウムによる地下鉄サリン事件だ。なぜなら動機がわからない。だからこそセキュリティ意識が意識下で肥大する。結果として、動機を語れる唯一の人を、この国の司法は壊してしまった。なぜ麻原の証人尋問が実現しないのかと、一言でいいから言ってくれるメディアがあれば、「そういえばそうだ」と気づく人はたくさんいるはずなのに。

今回は蓮舫民進党党首の二重国籍問題についても触れておきたい。これを問題視する世相は、「国籍はひとつであること」が大前提になっているようだ。それはまったくの思い込み。現状では欧米を中心に世界の半分は、二重（多重）国籍を認めている。欧州評議会が1997年に定めた欧州国籍条約は、生まれながらの多重国籍者に国籍選択を要求しないことを、加盟国に義務づけている。

日本の国籍法は（多重国籍の場合には）22歳までに国籍選択届を出すようにと定めているが、これは努力義務であり、決して強制ではない。だから実のところ、日本国籍と外国籍を持つ人は、日本にはたくさんいる。総理大臣や政党党首はひとつの国籍であることを定めた法や規則もない。ちなみにカリフォルニア州知事を務めたアーノルド・シュワルツェネッガーやEU離脱のキーパーソンであるボリス・ジョンソン前ロンドン市長も、それぞれオーストリアとアメリカ、イギリスとアメリカの二重国籍者だ。

そもそも蓮舫は日本国籍を取得している。立派な日本国民だ。つまりもう一つの国籍はプラスアルファなのだ。ならば政治家としてはアドバンテージだ。むしろ手放すべきではない。

そんなことを思っていたとき、はっきりさせようと訴える法務省のポスターを見つけた。確かにはっきりさせないよりははっきりしたほうがいい。でもその「はっきり」と「一つの国籍」が、なぜイコールになってしまっているのだろう。

米大統領選と世紀の読み違い

『創』2017年1月号

世界中の多くの人と同じように、米大統領選の結果については、僕も相当に驚いた。ただしまったく青天の霹靂《へきれき》というわけではない。後付けのように思われるかもしれないけれど、選挙戦終盤の報道を見聞きしながら、トランプ大統領誕生の可能性を、多少は意識していたような気がする。

なぜなら僕は、子供の頃から筋金入りのネガティブ思考だ。運動会の徒競走の際には順番を待ちながら、転んでビリになる自分を必ず想像した。受験直前には、落ちることばかりを考えていた。女の子と交際するときは、やがて振られる日のことばかり考えた。飛行機に乗れば、落ちる瞬間について想像する。映画や新刊を発表する際には、世間から酷評されるか黙殺される自分をイメージする（これは半分当たっている）。そして選挙の際は、最も実現してほしくない結果を想像する。

だって最悪の事態を想定していれば、実際に最悪の事態になったときの衝撃が小さくて済むし、もしも最悪の事態を回避できたなら、その喜びは大きいはずだ。

これはある意味で僕の処世術。いや人生訓。だから次の本のタイトルは『ネガティブ思考で人生がみるみる変わる！』だ。……嘘です。ごめん。こんなタイトルの本、売れるわけがない。

とにかく米大統領選の結果には、ある程度はなるほどと思いながらも、やっぱり驚いた。だってアメリカの多くのメディアもヒラリー勝利をほぼ断言していたし、反トランプの急先鋒であるニューヨーク・タイムズに至っては、投票が締め切られる直前の時点でヒラリーの勝利を84%と予測している。

この読み違い（と書いたけれど、トランプ勝利の可能性を16%としているのだから、その意味では「読み違い」とまでは言えないとも思う）については、世論調査が必ずしも実態を反映しない電話調査などの手法に頼っていることに構造的な欠陥があったとの指摘もあるし、1%弱の超富裕層が国を支配する状況に対するアメリカ国民（特に中間層）の嫌悪感を過小評価しすぎていたとの見方もできる。他には、トランプ陣営のメディア戦略（批判も含めて露出されることに徹底する）の巧妙さや、ヒラリーに対するイメージの予想以上の悪さなど、要因は複数ある。どれも正しいのだろうと思う。理由はひとつではない。世界は複雑だ。様々な要因が絡み合っている。でも僕の視点からは、もっと単純な要因が見える。

要するにアメリカ国民は、強くてマッチョなリーダーを求めたのだ。

アメリカは時おりこれをやる。例えばリベラルの代表格であるジミー・カーター（民主党）政権後に圧倒的な人気で大統領に選ばれたのは、ハリウッド時代に赤狩りを積極的に進めてデタント（米ソ緊張緩和）を否定し、グレナダ侵攻などで対外的な強硬策を行ったロナルド・レーガン（共和党）だ。あるいはブッシュ（共和党）は、選挙過程は微妙であったけれど、アメリカ同時多発テロ以降にアフガニスタンとイラク侵攻で、国民から圧倒的に支持された。リベラルさへの希求を持ちながらも、基本的には西部劇の国なのだろう。マッチョな指導者が大好きだ。

でも懸念すべきことは、この傾向がアメリカだけに限定される事態ではなくなっていることだ。ロシアではプーチン、中国では習近平、フィリピンではドゥテルテ、トルコではエルドアン、オランダやハンガリー、フランスやドイツなど多くの国でも、それまでは弱小だった右派政党が、近年は大きな支持を集め始めている。

彼らに共通する要素は、国外的には強気で、国内的には民族や国家の統合や結集を呼びかけることだ(その意味では、安倍政権も同列だ)。もちろん、政治家としてこの姿勢が間違っているとまでは言えない。逆に国外に対しては弱腰で、国内に対して強気なリーダーでは最悪だ。

ただしここ数年、この傾向が世界規模で明らかに加速している。とても強くなっている。メディアなどではこうした状況をポピュリズム(大衆迎合)の時代と形容するが、ならばポピュリズムが強くなった背景と理由を考えなくてはならない。

イワシやムクドリやメダカやヒツジなど群れる生きものは、例外なく全体で同じ動きをする。彼らは弱いから群れる。人も同じ。特にテロや災害などで不安や恐怖を強く刺激されたとき、全体で同じ動きをしようとする傾向が強くなる。つまり同調圧力だ。

多くの生きものは鋭い感覚と本能で全体の動きを察知するけれど、人は進化の過程で鋭敏な感覚を失い、代わりに言葉を得た。

だからこそ集団化が進むとき、多くの人は号令や指示を求めるようになる。つまり強いリーダーだ。そしてリーダーは自らの支持率を上げるため、無自覚に仮想敵の存在を強調する。敵対する二つの国でこの状況が進むのなら、あとは自衛のために攻撃するしかない。

こうして最悪の事態である戦争や虐殺が起きる。

他国の領土や資源や労働力を奪取することを目的にした戦争は、帝国主義や植民地主義が当然のように存在していた過去にはあった。でも現在の戦争のほとんどは、他国の侵略から自国を守るとの自衛戦争だ。領土を守るため、同胞を救うため、愛するものを守るため、人は集団として連帯する。でもその帰結として、国土は焦土となり愛するものは世界からいなくなる。

人類の歴史は、こうした過ちの繰り返しだ。でも現在は、世界全体がこの構造にはまり込んでしまっている。イギリスのEU離脱が示すように、テロへの不安を燃料にしながら、反グローバリズム（つまり自国内の集団化）が、これまでの反作用のように加速している。集団化が進むから異質なものは排除しようとする。集団化が進むから全体で同じ動きをしようとする。集団化が進むから違う集団との溝が深くなり（要するに分断だ）、異質なその集団を敵視する傾向が強くなる。

これらの状況を、人は右傾化やナショナリズムの勃興と呼ぶ。ただし、本来の意味の民族主義とは違う。要するに疑似の右傾化でフェイクなナショナリズムだ。でもこうしたプロセスが、結果として究極の集団化である全体主義へと繋がることは、多くの歴史が証明している。

米大統領選挙直後の大学の授業で、一人の学生から「今回の結果を踏まえてニューヨーク・タイムズが謝罪したことについて、先生はどう思いますか」と質問された。

「ニューヨーク・タイムズが謝罪したのですか？　それは初耳だな。アメリカのメディアは簡単には謝らないはずだけど」

授業終了後に調べた。学生の発言のソースになったのは、11月15日に更新された読売新聞（YOMIURI ONLINE）の記事だ。

【ニューヨーク＝吉池亮】13日付の米紙ニューヨーク・タイムズは、大統領選の結果を受けて「我々は新大統領に対し、公正な報道を続ける」とする読者へのメッセージを公表した。

メッセージは同紙発行人、アーサー・サルツバーガー会長らの連名。3ページ目で「選挙結果は劇的で予想外だった。トランプ氏が全く型破りだったため、我々メディアは彼に対する有権者の支持を過小評価したのか。なぜこのような結果となったのか」などと振り返った。

そして「選挙の重大な結果と、それに先立つ報道や世論調査を踏まえ、あらためてジャーナリズムの基本的な役割を果たすことをめざす」と表明した。同紙は民主党のヒラリー・クリントン氏（69）を支持していたが、「新大統領についても精度の高い公正な報道を続ける」などと訴えた。

これに対し、ドナルド・トランプ氏（70）は同日、ツイッターに「私のことを悪く報じたニューヨーク・タイムズ紙が読者に謝罪の手紙を出した」と書き込んだ。また、「これで報道姿勢が変わるだろうか。疑問だな」などともツイート。同紙が「トランプ現象」を適切に評価しなかった結果、「購読者数を何千という単位で減らしている」などと、具体的な根拠は示さずに主張した。（後略）

記事の見出しは「トランプ氏「NYタイムズが読者に謝罪した」」。助詞が省かれているから、確かにちょっとわかりづらい。でも本文は明晰《めいせき》だ。要するに学生は誤読したのだ。

ニューヨーク・タイムズの記事もネットでチェックした。過ちを認めて「ジャーナリズムの基本的な役割（つまり権力監視）を果たすことをめざす」と宣言はしているが、やはり謝罪の言葉など一言もない。当然だ。メディアは安易に謝罪などしてはいけない。

近年では朝日新聞の従軍慰安婦記事についての騒動が典型だが、日本のメディアはとても安易に謝罪する。あるいは当然のように謝罪を迫る。朝日の騒動の際には、他のほぼすべてのメディアが、朝日を罵倒しながら謝罪を要求した。我を忘れている。メディアとして根本的に間違えている。

なぜならメディアの過ちは、謝罪の言葉などでは済まない。時に多くの人が死ぬ。殺される。だからこそ安易に謝罪すべきではない。謝罪の言葉などで帳消しになるなどと思ってほしくない。ニューヨーク・タイムズも含めて欧米の新聞の多くは、謝罪の代わりに「訂正（correction）欄」を毎日のように掲載する。ここで過去の記事の誤りや不備を、その記者やデスク担当などの実名を挙げながら、徹底して明白にする。なぜ誤りや不備が起きたのか、記者の裏付け調査の不足や功名心、あるいはデスクの管理不徹底や商業主義など、その構造も抉《えぐ》り出す。

これがメディアの謝罪なのだ。その意味でアメリカのメディアは間違えていない。イラク戦争当時のような過ちは繰り返さないと信じることができる。

トランプが今後、アメリカをどの方向へ導くのか、それはまだわからない。政治については素人との意識があるからこそ、周囲の意見を聴くタイプになるという可能性も捨てきれない。何よりも、マッチョな大統領の系譜ではあるけれど、同時にトランプは不干渉主義を主張している。ならばヒラリーよりも平和に貢献するという可能性も捨てきれない。

まあ、あまり楽観的に考えないようにしよう。ネガティブ思考がいちばん。

いずれにせよ、世界がこれほどに集団化を進める要因の一つは、２００１年のアメリカにあったのだから、その意味で今回の結果は、必然的な帰結といえるかもしれない。

絶望の絶対量が足りない国

『創』２０１７年４月号

ようやく『君の名は。』を観た。アムステルダムに向かうＫＬＭ機内。なるほど。よくできている。ヒットすることは当然だろう。でも興行収入２００億円（観客動員１５００万人）を超えるほどの作品なのかなと思ったことも確かだ。もちろん半分は僻《ひが》みだ。残りの半分は負け惜しみ。でも残り４分の１は冷静だ。だってこのデータを文字どおりに解釈すれば、『君の名は。』は映画として『ＦＡＫＥ』の３００倍の価値ある作品となるわけで、やっぱりそれには素直に同意できない。昨年の興行のベスト３は『君の名は。』と『シン・ゴジラ』、そして『この世界の片隅に』。３本ともとてもよくできている。でも数字に違和感がある。圧倒的過ぎるのだ。

日本は世界一ベストセラーが生まれやすい国と聞いたことがある。あるいはブームが起きやすい国とも。誰かが読むから私も読む。誰かが観るから俺も観る。みんなが走るから自分も走る。そうした傾向がとても強い国だ。

もちろんどの国でもベストセラーやブームはある。周囲に合わせるのは人の本能だ。ただし日本人は、その傾向が少しだけ（いやかなり）強い。

だからこそ日本人は絶望が下手だ。主語が一人称単数ではなく組織や複数形だから、自分を徹底して追い込まない。多くの人が集合的に間違えるので、責任の所在もよくわからなくなる。

こうして日本の組織共同体（その最終形は国家だ）は、同じ過ちを何度も繰り返す。

アムステルダムに行った理由は、ロッテルダム国際映画祭に招待されたからだ。『FAKE』は昨年、ニューヨークの映画祭や釜山国際映画祭に招待された。でも国内では、キネ旬の文化映画ベスト10にすら入らない。一般映画ならともかく文化（要するにドキュメンタリー）映画のベスト10からも圏外にされたことはショックだった。

ロッテルダムでは、シネマトゥディの中山治美に取材を受けた。帰国後にその記事がネット上にアップされた。

記事のタイトルは、「佐村河内守を追った『FAKE』海外から熱視線！質問相次ぐ」だ。少し長いけれど、以下に引用する。

ゴーストライター騒動で話題となった佐村河内守氏を森達也監督が追ったドキュメンタリー映画『FAKE』が、このほどオランダで開催された第46回ロッテルダム国際映画祭でヨーロッパ初上映された。『ムーンライト』や『ジャッキー／ファーストレディ　最後の使命』など、気鋭作家による約７００本の話題作が上映された中、本作は観客賞で65位と１００以内にランクインする大健闘。今後も国際映画祭への参加が予定されているという。

昨年6月に国内で公開されて話題を呼んだ同作品。第90回キネマ旬報ベスト・テンで日本映画と文化映画の両ベストで10位外となったのは「ガッカリ」だったそうだが、海外セールス担当者曰く問い合わせは多く、海外での上映は昨秋の第21回釜山国際映画祭（韓国）に続いて2度目。ポーランドの映画関

係者から「このスキャンダルを題材に小説を書きたい」という要望もあったという。（中略）

上映後は「目の前で起こっていることが真実か嘘か。自分自身も心を揺れ動かされました」とサスペンス劇を味わったかのように興奮しながら感想を述べる一方で、「監督は佐村河内さんの言葉を信じていましたか？」と真相を求める質問が会場から相次いだ。森監督は「これは日本だけでなく世界的な傾向だと思っていますが、正義か味方か、真実か偽りか、物事を2つに分けたがる。そう単純化されることに違和感がありました。最後に僕が佐村河内さんに投げかけた言葉に対してどう答えたのか？　という質問を必ず聞かれるのですが、『最近、年をとって忘れっぽくなったので覚えていません』と答えるようにしています」と煙に巻いた。

国内は3月2日に本作DVD発売が決定。劇場公開版に25分の未公開映像を含めたディレクターズ・カット版だ。（後略）

（取材・文：中山治美）

この記事にもあるように、『創』4月号が書店に並ぶ頃、『FAKE』ディレクターズ・カット版のDVDがリリースされる。映画はスクリーンで観るべきもの。その思いは今も変わらない。テレビ画面や機内などで観てほしくない。でも残念ながら今の日本の映画館の現状では、（シネコンで上映できない作品は）多くの人に届けることは難しい。だから発想を変える。一人でも多くの人に観てほしいとの思いは、本編もDVDも変わらない。

スキポール空港からロッテルダムまでは車でほぼ1時間。市内のメインストリートにあるホテル前で車を降りてから、街の暗さを実感する。

ロッテルダムだけではない。ロンドンでもベルリンでもパリでも、夜の街は当たり前のように暗い。

東へ行けば行くほど街が明るくなる。これは実感だ。そして極東に位置する東京は文字通り東の都。世界一明るい街だ。世界一電気を消費する街でもある。だからこそ原発は再稼働しなくてはならない。街のネオンにライトアップ。のっぺりと陰影のない明るい街を保つために。

だからやっぱり思う。この国は絶望の絶対量が足りない。決定的に足りない。とりあえず一時は大騒ぎするけれど、すぐに別の曲で踊り出す。つまりFAKEな国だ。

帰国して数日後、女性誌の記者から携帯に電話があった。幸福の科学に出家した若手女優についてコメントしてほしいとの依頼だった。

「ネットなどでは、『別に個人の自由だからいいじゃないか』との書き込みもたくさんあるんです」

事情をよくわからない僕に騒動の経緯を説明しながら、女性記者は何度か言った。カルトの怖さをわかってないですよね的なニュアンスがあった。だからオウムの映画を撮った森にコメントさせようと考えたのだろう。

案の定確認すれば、彼女は『A』も『A2』も観ていなかった。たぶんというか間違いなく『A3』や（文庫として出たばかりの）『神さまってなに？』も読んでいないだろう。

このレベルで何を言えばいいのか。そう悩みながらも、「個人の自由だとの意見にはまったく賛成ですよ」と僕は言った。

人はなぜ信仰を持つのか。自分が死ぬことを知ってしまったからだ。どれほどに栄華を極めようが富を貯えようが、誰もが必ず死ぬ。回避できない。

だからこそ宗教はすべて、死後の魂の存在を前提にする。天国と地獄、浄土、あるいは輪廻《りんね》転生《てんしょう》。

宗派によって少しずつ世界観や語彙は違うけれど、死後の魂が存在することを前提にすることは変わらない。死んだらすべてが終わると断言する宗教など存在しない。ただしブッダが唱えた初期の仏教は、死後の魂について明確な言及をしていない（だからこそ仏教はそもそも宗教ではなく哲学だとの見方がある）。

いずれにせよ宗教は、死と生とを転換する。これは自らが死ぬことを知ってしまった人類の自己防御でもある。宗教の危険性はここにある。なぜイスラムの自爆テロはなくならないのか。なぜ日本の特攻は止まらなかったのか。死と生の価値が転換しているからだ。自己の命への軽視は、他者の命への軽視にもつながる。悪行をなすと判断するならば、その生をいったんはリセットしてあげようとの思想が生まれる。

これがオウムのポアだ。ただしオウムだけではない。かつて中国やアメリカと戦争をしているころ、日本で最も大きな宗教組織である浄土真宗は、「悪い中国やアメリカを懲らしめて生まれ変わらせてあげよう」と信者に呼びかけた。そんな実例はいくらでもある。そもそも宗教とは、神や魂の存在を前提にした段階で、現世の価値観に対してのアンチテーゼなのだ。だから世界三大宗教であるキリスト教もイスラムも仏教も、その黎明《れいめい》においてはカルトであり、イエスとムハンマドとブッダは、今でいえばテロリストとして国際指名手配されてもおかしくない。

そうしたリテラシーを持たないまま宗教を批判・断罪することは、徒《いたずら》に彼らを追いつめることになる。ただし補足するが、「幸福の科学」は宗教として、とても危うくて低劣だと僕は思っている。でもそれはあくまでも個人的見解だ。混同するつもりはない。

2月17日、衆議院予算委員会の集中審議で、民進党の山尾志桜里議員は「テロ等準備罪」について、「一般の団体・企業や、一般の市民であっても、捜査機関が『性質が一変した』と認定すれば処罰対象となるのか。安倍総理大臣は『一般の人は対象にならない』と答弁してきたが、矛盾しているのではないか」と指摘した。

これに対して安倍首相は、「例えば、かつてのオウム真理教は、当初は宗教法人として認められた団体だったが、まさに犯罪集団として一変した。一般人が犯罪集団に一変した段階で、その人たちは一般人であるわけがなく、対象となることは明確だ。先の答弁と何ら矛盾するところはない」と反論した。

つまり「テロ等準備罪」を新設する根拠と実例が、オウムなのだ。言い換えれば、オウムを例に挙げれば一般国民は納得すると思われたのだろう。

ならば言わなくては。まずは「一変」ではない。それほど単純な話ではない。ヨーガを基本とするサークル的な宗教集団が、なぜ、どのように変質したのか、その過程とメカニズムを、僕たちはもっと理解しなくてはならない。

さらに「犯罪集団」との見方も正確ではない。犯罪に走ったのは一部の信者だ。この論法を使うのなら、「テロリストを多く擁するイラクやイラン、北朝鮮は犯罪国家である」とのレトリックも可能になる。つまりメキシコを犯罪国家と罵倒し、イラクやイランなどからの入国を制限するトランプの論理だ。しっかりと事件が起きた背景やメカニズムを解析しないから、このレベルでオウムは大義に使われる。

いずれにせよ、メディアが大騒ぎするこの状況は良くない。本来ならこんな記事など出すべきではない。女性記者にはそんな話をしたけれど、どのようにまとめてくれるのかわからない。

あとがき

この書籍のベースとなった「極私的メディア論」の連載を『創』で始める少し前まで、僕の公式な肩書きには、「テレビ・ディレクター」がまだ付いていたと思う。すでに『A』と『A2』は発表していたが、継続して映画を撮ろうとの意思は、この時点ではほとんどない。動員は健闘したとは言い難いけれど、『A』と『A2』は一部で相当に評価され、ベルリンやバンクーバーや香港やダマスカスなど海外の映画祭にもずいぶん招待された。

でもというかだからこそというか、特に『A』公開後、2本目を撮るつもりは希薄だった。なぜなら『A』は、最初から意図されて制作された映画ではない。そもそもはテレビで放送される予定で始まったドキュメンタリーだ。ところが撮影開始早々に、所属していた番組制作会社から制作中止を言い渡され、その理由に納得できずに一人で撮影を続けていたことで、その制作会社からは解雇された。その後にデモテープを持って各局（ほぼすべて）のプロデューサーや報道関係者を回ったけれど、結果的にはそのすべてから「こんなものは放送できない」と拒絶され、万策尽きてあきらめかけていたときに、知り合いの知り合いという縁で映画プロデューサーの安岡卓治に出会う。

ここまでの過程に自分の意志はほとんどない。つまり偶発的に誕生した映画なのだ。

ベルリン映画祭から帰国して最初の仕事は、NHK‐BSの公開収録番組の末端のADだった。もちろん仕事は雑用。チーフプロデューサーとタレントたちが待つ楽屋に弁当を運んだとき、遅すぎるとプロデューサーに怒鳴られた。申し訳ありませんと何度も頭を下げながら、「先週末にはベルリン映画祭で多くの観客からスタンディング・オベーションを受けていたのにな」とちらりと思う。

でもそんなものだと思っていた。ほとんどの日本人は『A』を知らない。今後もテレビ業界で仕事を継続してゆくつもりだった。好きで始めた仕事なのだ。今さら止めるつもりはない。

ところがその後、少しずつ評判が広がった。ただしどちらかといえば悪評だ。著名なジャーナリストは『A』についてブログで、「オウムのPR映画」と書いていた。森達也はオウムの隠れ信者だと断言した局の報道プロデューサーもいた。他にもたくさんの批判や罵倒を受けた。でも彼らのほとんど(もしかしたらすべて)は、『A』を観ていない。悔しいけれど仕方がない。DVDの依頼はどこからも来ない。劇場公開は終わったのだから、もう観ることはできないのだ。

この時期の僕の立場は、フリーのテレビ・ディレクターだった。仕事をよく回してくれていた制作会社のプロデューサーから、「君を使いづらい状況になってしまった」と言われた。局の会議で森達也という名前を出すと、「もしかして例のとんでもない映画を撮ったディレクターですか」と反応されることが多くなったという。陽の当たる仕事はあまり回せない。深夜のドキュメンタリーならチェックが甘いからぎりぎりだ。こうして『A』発表以降、テレビにおける僕の活動領域は、深夜のドキュメンタリー枠がメインになった。

結果的には『A』発表から3年後、僕はまたオウムを撮った。その映画『A2』発表は2001年。試写の直前にアメリカ同時多発テロが起きて、ブッシュ政権率いるアメリカは急激に変貌した。God

Bless Americaと叫びながら団結の象徴である国旗を至るところに掲げ、セキュリティ意識が昂揚し、愛国者法を制定して国内では異物や少数者を排除し、国外には敵を探してアフガニスタンとイラクに武力攻撃をしかけた。自衛の名のもとに。

つまり集団化だ。

太平洋を隔ててこの状況を眺めながら、1995年を契機に日本で始まった変化が、6年遅れて一気に（アメリカを同心円の中心にして）世界規模に広がったという感覚をもった。ならば『A2』はきっとヒットする。アメリカのこの状況を見ながら、多くの日本人は数年前から始まった自分たちの変化に気づくはずだ。

公開前はそう思っていた。でも結果として、『A2』の動員は『A』とほぼ変わらなかった。今回も世界の映画祭からは数多く招待されたが、日本ではほんの一部の人しか見てくれない。DVDの依頼も相変わらず来ない。この頃に会った福田和也から、「高名だけど誰も観ていない映画」と称されて、正《せい》鵠《こく》を得ていると苦笑したことがある。

こんな状況で、僕は少しずつ、仕事を映像から活字にシフトしていた。『A撮影日誌』『放送禁止歌』『スプーン』など、これまで発表したドキュメンタリーのメイキングを中心に、単行本も何冊かは刊行していた。肩書きから「ディレクター」を外したのはこの頃だ。テレビで仕事をしないと決めたわけではないが、生活の糧《かて》は書くことで得ようと考えていた。

『創』の篠田博之編集長から「連載を書かないか」と言われたのは、そんな時期だったはずだ。

僕はメディアにいる。メインストリームとは言い難いが、長くテレビの制作現場にいたし、その後に出版に関わる仕事もしている。そしてオウムの側に視点を置いて映画を撮ったからこそ、現在進行形で進む日本社会の歪みを、強く実感もしていた。

その大きな要因はメディアだ。

メディアにいるからこそ、メディアの欠陥や過ちがよくわかる。ならばメディア批評誌で連載をもつことは、きっと重要な意味を持つはずだ。

そう思って連載を引き受けた。タイトルである「極私的メディア論」は、大先輩である原一男監督の『極私的エロス〜恋歌1974』のエッセンスを拝借した。結局のところ自分はジャーナリストではない。自分の視点でしか撮れないし書けない。（本音では大メディアだって結局は同じなのにと思いながらも）「私的」であることにあくまでもこだわろうと思っていた。

連載を始めてから10年以上が過ぎる。今では連載陣の中でも、鈴木邦男、香山リカに並ぶ古顔だ。書籍化の作業で自分の過去の文章を読み返しながら、何も変わっていないとつくづく思う。

不安や恐怖を燃料にしたとき、人は集団化して暴走する。集団においては二元化が進行し、市場原理に捉われたメディアはこの状況をさらに煽る。その帰結として悪や敵と見なした存在に対して過剰なセキュリティ意識が発動し、自衛の名のもとに攻撃衝動へと容易く転化する。組織の過ちの多くは組織内の忖度から派生する。忖度は下から上に働くだけではない。上から下にも働く。つまり相互作用。オウムの一連の事件はその典型だ。このときに同調圧力も強くなる。セキュリティ意識が高揚するからこそ、保身の意識が強くなり、周囲とは違うことが言えなくなる。信仰は死と生とを転換する装置だからこそ、時にはとても（傍目からは）残虐な振る舞いを可能にする。

オウムを撮ることで気づいたこれらの要素を、多少は語彙や話法は変えつつも、僕はずっと繰り返している。その自覚はある。でも仕方がない。そもそも抽斗は多くないし、深い思想や明晰なイズムを保持しているわけでもない。

要するに周回遅れているだけなのだ。でもだからこそ、潮が引くようにメディアがいなくなった後のオウムの残骸や残滓に本質が露呈していたように、多くの人が見なかったり気づかなかったり見て見ないふりをしてきたことが見えてくる。言い換えれば、僕である必要はない。もしも周回遅れたら、きっと誰もが僕のように、いろいろ見えてくるはずだ。

単独監督作品としては『A2』以来15年ぶりになる『FAKE』を、昨年は発表した。「ヒットして良かったね」と多くの人に言われる。うん、そのとおり。『A』『A2』に比べれば、今回は確かにヒットした。でも内実は変わらない。手を変え品を変えてはいるけれど、僕は同じことを言い続けている。それはきっとこれからも変わらない。

メディアとは空気。何よりも重要だ。だからメディアに帰属する一人ひとりに言いたい。優先すべきは組織の論理ではなくあなたの感情。思い。この仕事を選んだ時期の自分を思い出してほしい。取り戻してほしい。同調圧力や忖度など足蹴にしてほしい。もっと我がままになってほしい。

視点を変える。そして世界が多様で多面的であることに気づく。これに尽きる。これを言い続ける。だってそのほうが、絶対に豊かで優しい生涯を送ることができると確信しているからだ。

（2017年3月）

同調圧力メディア

メディアが三流なら社会と政治も三流なのだ

2017年4月10日初版第一刷発行

著者……森達也

発行人……篠田博之

発行所……(有)創出版
〒160-0004 東京都新宿区四谷2-13-27　KC四谷ビル4F
電話　03-3225-1413　FAX　03-3225-0898
http//www. tsukuru. co. jp

印刷所……(株)ダイトー

装幀……鈴木一誌

ISBN978-4-904795-46-0

定価はカバーに表示してあります。
落丁・乱丁はお取り替えいたします。

創出版の出版物

メディア批評の総合誌

月刊『創』(Tsukuru)

毎月7日発売　Ａ５判　定価700円

画一的な大手マスコミの報道を批判し、別の視点を提示することで、社会通念を疑ってみようというメディア批評誌。「異論」を尊重するのが方針。犯罪や死刑問題なども、独自のスタンスから取り上げている

生ける屍の結末　「黒子のバスケ」脅迫事件の全真相

渡邊博史　本体1,500円＋税

人気マンガ「黒子のバスケ」に対して約１年にわたって脅迫状が送られた事件。逮捕後明らかになったその事件の背景に多くの人が慄然とした。脅迫犯が獄中でつづった事件の全真相と、格差、いじめ、虐待などの実態。ネットでも大反響。

極私的メディア論

森達也　本体1,500円＋税

死刑問題やドキュメンタリー論で知られる著者の「メディア論」の集大成。なぜテレビメディアは扇情的で近視眼的な報道に陥るのかなど、メディアをめぐる新しい視点を提示した、目からうろこの一冊！

命が踏みにじられる国で、声を上げ続けるということ

雨宮処凛　本体1,500円＋税

ただでさえ満身創痍だったこの国を、大震災が襲って３年以上。生活保護改悪や原発問題に象徴されるような、命を踏みにじるような動きは一向に収まる気配がない。それに対して声をあげ続けていくことを宣言した著者のこの３年間のドキュメント！

安倍政権のネット戦略

津田大介/香山リカ/安田浩一/他著　本体720円＋税

安倍政権のメディア戦略、特にネット戦略について論じた、タイムリーな１冊！安倍首相からフェイスブックで名指し批判された香山リカ氏の反論も！著者は上記３人のほかに、中川淳一郎、下村健一、高野孟、亀松太郎各氏など多彩。

新・言論の覚悟

鈴木邦男　本体1,500円＋税

右翼の抗議に脅えて映画が中止になるといった事態に敢然と関わっていく著者。著書にも住所と電話番号を明記して反論を受けて立つ覚悟を示す。危ないものを避けようとするメディアの自主規制こそが言論を危うくするのではないか。

創出版
〒160-0004　東京都新宿区四谷2-13-27 KC四谷ビル4F　mail : mail@tsukuru.co.jp
TEL : 03-3225-1413　FAX : 03-3225-0898